O ETERNO AGORA

ANTONIO CICERO

O eterno agora

Ensaios

COMPANHIA DAS LETRAS

Copyright © 2024 by Antonio Cicero

Grafia atualizada segundo o Acordo Ortográfico da Língua Portuguesa de 1990, que entrou em vigor no Brasil em 2009.

Capa
Bloco Gráfico

Imagem de capa
Grupo Frente, 027, de Hélio Oiticica, 1955. Guache sobre papelão, 48 × 48 cm. Reprodução de Jaime Acioli.

Preparação
Gabriele Fernandes

Revisão
Renata Lopes Del Nero
Huendel Viana

Dados Internacionais de Catalogação na Publicação (CIP)
(Câmara Brasileira do Livro, SP, Brasil)

Cicero, Antonio, 1945-2024
O eterno agora : Ensaios / Antonio Cicero. — 1ª ed. — São Paulo : Companhia das Letras, 2024.

ISBN 978-85-359-3888-3

1. Ensaios filosóficos 2. Política I. Título.

24-223506   CDD-102

Índice para catálogo sistemático:
1. Ensaios filosóficos 102
Cibele Maria Dias – Bibliotecária – CRB-8/9427

Todos os direitos desta edição reservados à
EDITORA SCHWARCZ S.A.
Rua Bandeira Paulista, 702, cj. 32
04532-002 — São Paulo — SP
Telefone: (11) 3707-3500
www.companhiadasletras.com.br
www.blogdacompanhia.com.br
facebook.com/companhiadasletras
instagram.com/companhiadasletras
x.com/cialetras

Sumário

Apresentação.. 7

Os direitos humanos vs. o neofascismo.................. 9

Homero e a essência da poesia......................... 25

A poesia entre o silêncio e a prosa do mundo.......... 43

Poesia e preguiça..................................... 62

A razão niilista...................................... 80

O ser humano e o pós-humano......................... 105

A sedução relativa................................... 132

Notas.. 179

Apresentação

Recentemente, ao arrumar um trecho da minha biblioteca, deparei-me com a coleção de livros que contêm os ciclos de conferências que Adauto Novaes concebeu e organizou e que contaram com a participação de alguns dos maiores intelectuais brasileiros. Como, apesar de ter tido a honra de participar de vários desses ciclos, eu não havia relido os textos que escrevera, tive vontade de fazê-lo naquele instante. Confesso que, como sou muito exigente em relação ao que escrevo, comecei a lê-los com certa ansiedade.

Felizmente, não apenas fiquei satisfeito com o que li, mas considero que, dado que esses ensaios datam de 2005 a 2020 e que incluem as ideias ontológicas, epistemológicas, éticas, estéticas e políticas que me provocaram e povoaram nesse período de minha maturidade, eles deveriam ser publicados novamente e, de preferência, em um só volume.

Faço questão de dedicar esta obra a Adauto Novaes, pois foi a partir de cada um dos convites que ele me fez para participar dos diferentes ciclos de palestras que concebeu e organizou que escrevi cada um dos ensaios que a compõem.

Antonio Cicero
julho de 2024

Os direitos humanos vs. o neofascismo[*]

Há quem considere que o populismo de direita, que tomou o poder em vários países, seja uma espécie de neofascismo. Há quem negue isso. Quanto a mim, penso que de fato estamos passando por uma forte ameaça nesse sentido.

Para embasar minha tese, preciso, em primeiro lugar, dizer em que consiste o neofascismo. Ora, evidentemente não é possível dizer em que consiste o neofascismo sem antes ter dito em que consiste o próprio fascismo. Pois bem, penso que o fascismo consiste, em primeiro lugar, em uma espécie de neobarbárie. Agora é preciso explicar em que consiste a neobarbárie, e, naturalmente, não é possível fazê-lo sem antes esclarecer em que consistem a barbárie e, em oposição a ela, a civilização.

Pois bem, baseado na antropologia, qualifico de "bárbaro" o ser humano por ela considerado etnocêntrico, isto é, aquele que não considera plenamente humano o membro de uma cultura

---

[*] Texto originalmente publicado em Adauto Novaes (Org.), *Mutações: Ainda sob a tempestade*. São Paulo: Edições Sesc, 2020.

diferente da dele; aquele que, pura e simplesmente, repudia as formas culturais, isto é, as formas morais, religiosas, sociais, estéticas etc. mais distantes das formas com as quais se identifica; aquele que critica as formas das demais culturas segundo os critérios da cultura a que pertence.

Sendo assim, diremos que, em oposição ao bárbaro, o civilizado é (1) o ser humano que a antropologia não qualifica de etnocêntrico; (2) aquele que considera plenamente humano até mesmo o membro de uma cultura diferente da sua; (3) aquele que é capaz de aceitar a existência de formas culturais, isto é, de formas morais, religiosas, sociais, estéticas etc. extremamente diferentes das formas com as quais se identifica; (4) aquele que não critica as formas das demais culturas segundo os critérios da cultura a que pertence.

Dessas quatro proposições sobre o civilizado, a última é sem dúvida a mais sujeita a ser questionada. Como pode o civilizado deixar de julgar e criticar as formas das demais culturas segundo os critérios da cultura a que pertence?

Parece-me que há três possibilidades. A primeira é que ele simplesmente não critique as formas das demais culturas; a segunda é que ele as critique segundo os critérios de uma cultura à qual não pertença; a terceira é que ele as critique segundo critérios que não provenham de nenhuma cultura em particular. Neste último caso, porém, tais critérios não culturais o habilitariam a criticar não apenas as demais culturas, mas também aquela a que ele próprio pertence.

A primeira possibilidade — não criticar — parece, à primeira vista, a mais sábia: não julgar, não condenar; não se intrometer no que não lhe diz respeito; viver e deixar viver, viver e deixar morrer... Contudo, não é realmente possível proceder assim, senão quando as demais culturas forem praticamente inacessíveis àquele que se recusa a julgá-las. Do contrário, é impossível não comparar, e comparar já é julgar. Ora, no mundo cada vez menor e mais populoso em que vivemos, torna-se sempre mais difícil não comparar. Se, noutro quadrante do mundo, a mão de um adolescente é amputada porque ele roubou uma bisnaga de pão, posso evitar pensar no assunto caso tenha informação escassa, de terceira ou quarta mão, sobre o caso. Se, porém, assisto à amputação pela televisão, a situação já é outra. E é possível que o ato que me repugna aconteça ao meu lado, caso, por exemplo, eu mesmo esteja de viagem pelo outro quadrante do mundo, ou caso a amputação seja praticada por membros de uma comunidade de imigrantes que, embora pertencentes a outra cultura, habitem a cidade onde vivo. Em situações como essas, se tal ato normalmente me revolta, eu me revoltarei, isto é, eu o criticarei e condenarei: a menos, talvez, que imagine que seres pertencentes a uma cultura diferente da minha não sejam plenamente humanos. Isso, porém, corresponderia à primeira característica, antes explicitada, da barbárie.

A segunda possibilidade — criticar todas as formas e crenças de todas as culturas segundo os critérios de uma cultura à qual não se pertença — seria, na verdade, a troca do etnocentrismo pelo xenocentrismo;[1] ora, o xenocentrismo não passa de uma forma de etnocentrismo, com a diferença de não ser praticado segundo os critérios da cultura de origem, mas segundo os critérios de uma cultura adotada: portanto, trata-se igualmente de uma forma de barbárie.

Resta a terceira possibilidade: criticar as formas e crenças de todas as culturas, inclusive as da cultura a que se pertence, segundo critérios que não pertençam a nenhuma cultura. Nesse caso, o etnocentrismo é superado não apenas no sentido convencional do termo, mas também no sentido de que deixa de ser absolutamente central para o indivíduo a sua própria etnia: e talvez a vitória sobre esse etnocentrismo seja uma condição necessária para a vitória sobre o etnocentrismo no sentido convencional.

Mas não podemos deixar de nos perguntar: isso é possível? Sim. Na Europa, podemos observá-lo ao final da Renascença, no pensamento de Montaigne, por exemplo. Lembremo-nos de seu ensaio sobre os canibais brasileiros. Montaigne diz achar "que não há nada de bárbaro e de selvagem nessa nação, segundo o que me disseram, senão que cada qual chama de barbárie o que não é seu costume".[2] Em seguida, tendo descrito como os nativos brasileiros matavam e comiam seus prisioneiros de guerra, ele explica que não acha errado que censuremos o horror barbaresco que há em tal ação, "mas, sim, que, julgando bem os seus erros, sejamos tão cegos quanto aos nossos".[3]

E, lembrando os horrores que, em sua época, eram cometidos na Europa em nome da piedade e da religião (pensemos, por exemplo, na Inquisição), afirma que "podemos, portanto, chamá-los [aos canibais] de 'bárbaros' tendo em vista as *regras da razão*,[4] mas não tendo em vista a nós mesmos, que os superamos em toda espécie de barbárie".[5] Vê-se assim que Montaigne sabe que, uma vez que qualquer cultura particular — inclusive a cultura cristã, a que ele mesmo pertence — pode ser objeto da crítica da razão, esta não pertence a nenhuma cultura particular.

Na mesma linha de raciocínio, ao criticar "certa imagem de probidade escolástica, escrava de preceitos e coagida pela esperança e pelo medo", Montaigne diz preferir pensar que a probidade não seja feita pelas religiões, que apenas a completariam e autorizariam; que ela consiga "se sustentar sem ajuda, nascida em nós de suas próprias raízes pela *semente da razão impressa em todo homem não desnaturado*".[6] E arremata: "A experiência nos faz ver uma distinção enorme entre a devoção e a consciência". A devoção, isto é, a religião, não é o fundamento da ética, que se encontra na razão. Não são a esperança (do céu) nem o medo (do inferno) difundidos pela religião que produzem a honestidade. A razão, que constitui o verdadeiro fundamento da ética, não pertence à cultura que critica. Montaigne é, portanto, civilizado, no sentido em que antes definimos esse termo.

Na verdade, a razão crítica, longe de ser um produto da cultura europeia ou ocidental, foi capaz de se manifestar com tal força em Montaigne exatamente graças à crise em que se encontrava a cultura tradicional na Europa do século XVI.

Normalmente pensamos no século de Leonardo da Vinci como, nas palavras de Alexandre Koyré, uma "ampliação sem igual da imagem histórica, geográfica e científica do homem e do mundo. Efervescência confusa e fecunda de ideias novas e ideias renovadas. Renascimento de um mundo esquecido e nascimento de um mundo novo".[7] Tendemos a nos esquecer de que ele foi também, segundo a descrição do mesmo autor,

> crítica, desmoronamento e enfim dissolução e mesmo destruição e morte progressiva das antigas crenças, das antigas concepções, das antigas verdades tradicionais que davam ao homem a certeza do saber e a segurança da ação. [...] Ele [o século XVI] desmoronou tudo, destruiu tudo: a unidade política, religiosa, espiritual da Europa; a certeza da ciência e a da fé; a autoridade da Bíblia e a de Aristóteles; o prestígio da Igreja e o do Estado.[8]

De fato, o próprio Montaigne dizia: "Olhemos em volta: tudo rui em torno de nós: em todos os grandes Estados, seja da cristandade, seja de outras partes que conhecemos, olhai, e encontrareis uma ameaça evidente de mudança e ruína".[9]

Uma das maiores imposturas históricas já ocorridas é a pretensão — hoje defendida pelos relativistas culturais — de que a razão, longe de ser universal, pertença à cultura ocidental. Acreditando nesse mito — ocidental e etnocêntrico —, muitos não ocidentais consideram alienígena a racionalidade filosófica, ética, jurídica e política. Resultado: rejeitam-na, criando, com isso, um terreno fértil para o perigoso crescimento da irracionalidade religiosa e, consequentemente, do terrorismo que hoje presenciamos.

Contra o mito de que a razão pertence ao Ocidente, o indiano Amartya Sen, detentor do prêmio Nobel de economia, lembra por exemplo que, ainda no século XVI, Akbar, o imperador mogol da Índia, afirmava que a fé não podia ter prioridade sobre a razão, argumentando que é por meio da razão que cada um deve justificar — e, se necessário, rejeitar — a fé que herdou. Ademais, tendo sido atacado pelos tradicionalistas, favoráveis à fé instintiva, Akbar afirmou que a necessidade de cultivar a razão e rejeitar o tradicionalismo é tão patente que não necessita de argumentação, pois, "se o tradicionalismo fosse certo, os profetas teriam apenas seguido os mais velhos (e não teriam apresentado novas mensagens)".[10] É a identidade racional de Akbar que aqui prevalece sobre sua identidade muçulmana e tradicional.[11] Nesse sentido, ele, como Montaigne, é civilizado.

Pois bem, no Ocidente, a civilização de Montaigne é aprofundada, radicalizada e sistematizada por Descartes, no século XVII, quando, ao submeter toda cultura e todo pretenso conhecimento ao exame da razão crítica com base no que chama de "dúvida hiperbólica", ele funda a filosofia moderna e, em particular, a filosofia da Ilustração, que é como se chama o Iluminismo europeu do século XVIII. É a partir da segunda metade do século XVIII que se começa a empregar a própria palavra "civilização" no sentido em que a entendemos aqui.

No auge da Ilustração, Immanuel Kant afirma que

> nossa época é a própria época da crítica, à qual tudo deve submeter-se. A religião, através de sua santidade, e a legislação, através de sua majestade, querem comumente a ela se subtrair. Mas com isso suscitam uma justa suspeição contra si e não podem aspirar ao respeito irrestrito que a razão somente concede ao que consegue suportar o seu exame livre e público.[12]

A revolução efetuada pela Ilustração foi extraordinária. Antes da Ilustração, os indivíduos deviam se submeter às determinações das instituições culturais, religiosas e políticas. Depois dela, são essas instituições culturais, religiosas e políticas que, como diz Kant, devem se submeter à crítica racional, efetuada pelos indivíduos. Torna-se, assim, inaceitável qualquer lei que, para cercear a liberdade de um cidadão, tente se legitimar na autoridade de crenças positivas, quer de origem laica, quer de origem religiosa. Não é mais aceitável a restrição da liberdade de um cidadão senão na medida em que isso seja necessário para compatibilizar a maximização da sua liberdade com a maximização da liberdade de qualquer uma das demais pessoas que, contingentemente, ele poderia ter sido.

O civilizado entende que cada qual pode ter as convicções particulares e positivas que bem entender, publicá-las e defendê-las. Ele sabe, entretanto, que cada qual possui os mesmos direitos, nem mais nem menos, que qualquer outro indivíduo ou grupo que tenha convicções particulares e positivas iguais ou diferentes. Dado que nenhuma convicção particular e positiva possui necessidade absoluta e universal, o princípio racional que tem validade absoluta e universal é o de que cada qual tem o direito de defender, questionar, criticar, atacar, satirizar ou desrespeitar as ideias que bem entender, sejam de origem laica, sejam de origem religiosa. Afinal, como dizia Descartes, "a pluralidade de vozes não é uma prova que valha nada para as verdades um pouco difíceis de descobrir, porque é bem mais provável que um homem só as tenha encontrado do que todo um povo".[13] Em suma, a função da lei é zelar pela compatibilização da maximização da liberdade de todos os indivíduos e de todas as manifestações culturais.

Voltemos por um momento a considerar o bárbaro ou etnocêntrico. Na verdade, o etnocentrismo não passa de um dos modos pelos quais o bárbaro se esforça para manter a identidade ou a mesmice das formas que compõem sua cultura. Nesse afã, o bárbaro — dado que se identifica com essas formas — supõe não estar senão fazendo tudo o que pode para preservar seu próprio ser.[14]

Para realmente manter a identidade das formas culturais com que se identifica, o bárbaro precisa não apenas ser etnocêntrico; precisa também ser repressor, tanto em relação à razão natural quanto aos impulsos provenientes da natureza. Note-se que ele não reprime somente os impulsos destrutivos — como, digamos, a crítica à religião estabelecida —, mas também os impulsos criativos, a exemplo da criação de novas formas de arte. Do ponto de vista da preservação da identidade cultural, os destrutivos são mais obviamente danosos; os criativos, porém, exatamente por não serem tão obviamente danosos, são mais perigosos, pois mais insidiosos, uma vez que as novas formas produzidas ou sugeridas pela inventividade ou pela razão são capazes de gradualmente relativizar e de tomar o lugar das formas já dadas.

O bárbaro não reconhece como naturais os impulsos que reprime. Estes são por ele tidos como, ao contrário, antinaturais ou monstruosos. Assim, tendo em primeiro lugar ignorado a criatividade da natureza, isto é, tendo ignorado a natureza como *natura naturans* — natureza criativa —, ele a considera exclusivamente *natura naturata* — natureza criada — ou conjunto de formas positivas. Em segundo lugar, ele toma essas formas positivas como eternas; em terceiro lugar, ele tenta naturalizar as próprias formas culturais, isto é, suas formas morais, religiosas, sociais, estéticas, políticas etc., identificando-as com formas naturais putativamente eternas. À medida que se encontre em seu poder fechar o conjunto das formas culturais admissíveis, ele o faz, classificando qualquer nova forma natural ou artificial como antinatural, *contra naturam* ou "bárbara". "Chamamos contra natureza", observa Montaigne, "o que surge contra o costume." E imediatamente observa, com sua característica perspicácia: "Nada existe que não esteja de acordo com ela [com a natureza], seja o que for. *Que a razão universal e natural expulse de nós o erro e o espanto que a novidade nos traz*".[15]

A barbárie de uma coletividade é tanto mais completa quanto mais cada membro dessa coletividade tome as convenções culturais como se fossem naturais e/ou de origem sobrenatural, de modo que, por um lado, cumpra à risca os papéis sociais que lhe hajam sido designados e, por outro, espere que os demais membros da comunidade façam o mesmo quanto a seus respectivos papéis, como se essa fosse a única atitude admissível e como se tais papéis sociais, jamais questionados, fossem os únicos concebíveis.

Evidentemente, descrevo aqui uma espécie de tipo ideal. Essa expressão, aliás, para além de Max Weber, lembra Platão, que, por meio do personagem Ateniense, do diálogo *As leis*, sonha precisamente com uma comunidade em que os pensamentos humanos e as naturezas da alma sejam cultivados por leis "inalteradas por muitos e longos tempos, de modo que ninguém tenha lembrança nem jamais tenha ouvido falar de que elas hajam sido, algum dia, diferentes do que são agora", pois, em tal situação, "a alma inteira as reverencia e teme mudar qualquer uma das coisas estabelecidas".[16] Ora, assim seriam exatamente as almas dos bárbaros de que falo.

É importante frisar que a barbárie que estou descrevendo é a barbárie paradigmática. Podemos classificá-la como a *barbárie defensiva primária*, aquela que membros de determinada comunidade exercem como mecanismo de defesa de sua identidade cultural em face de outras culturas e da natureza.

Há, porém, um segundo tipo de barbárie, que podemos classificar de *barbárie defensiva secundária* ou *barbárie reativa*, que é aquela que membros de determinada coletividade exercem na tentativa de recomposição de uma cultura cuja identidade consideram dilacerada, ameaçada, desprezada ou dominada pelo contato com a cultura e/ou com a civilização de outras coletividades.

Na Europa, em particular a partir da difusão do pensamento de Descartes, essa reação barbárica cresceu à medida que se difundiam as ideias iluministas e civilizatórias que ela combatia.[17] Para os reacionários, a filosofia iluminista moderna, desprezando veneráveis tradições, solapava os fundamentos da religião em nome da razão; os da comunidade, em nome do individualismo e do cosmopolitismo; e os da hierarquia social, em nome da igualdade, em princípio, de todos os seres humanos. Aonde, segundo pensavam, poderia conduzir tudo isso senão à decadência? Vários inimigos do iluminismo e da civilização — alemães, franceses e ingleses — surgiram desde o século XVIII, na própria época da Ilustração. Pense-se em Hamann, Herder, Joseph de Maistre, Chateaubriand e Edmund Burke.

No século XIX, o sociólogo alemão Ferdinand Tönnies estabeleceu uma dicotomia famosa. Refiro-me à que separa comunidade (*Gemeinschaft*) de sociedade (*Gesellschaft*). Para ele, na comunidade tende a predominar o sentimento de copertinência (*Zusammengehörigkeitsgefühl*) na base de uma concordância espontânea de pontos de vista, interesses e finalidades. Assim, a comunidade seria orgânica, vivendo da economia doméstica, da agricultura e do artesanato, e enraizada em laços concretos de parentesco, amizade, vizinhança, costume, tradição, religião correspondentes ao que é denominado "vontade essencial".

Já na sociedade, predominaria a "vontade racional" ou o cálculo, baseada na mera associação mecânica de seus membros. Assim, ali tenderiam a se generalizar as relações competitivas ou contratuais, cada qual mantendo, à parte determinadas convenções explícitas, os próprios pontos de vista, interesses e finalidades. Segundo Tönnies, se a família é a base da comunidade,[18] "a grande cidade é o modelo da pura sociedade".[19]

É costumário contrastar-se o individualismo típico da sociedade com a solidariedade, típica da comunidade. A aproximação entre a comunidade e a cultura, de uma parte, e a sociedade e a civilização, de outra, é sugerida pelo próprio Tönnies, ao dizer que

> observam-se entre os povos históricos o processo de desenvolvimento da sociedade de mercado e o sistema da racionalidade do mercado evoluir a partir das formas de vida e vontade baseadas na comunidade. No lugar da cultura do povo, obtém-se a civilização do Estado.[20]

É evidente que as caracterizações de Tönnies já são tendenciosamente favoráveis à comunidade familiar, onde se encontra a solidariedade, e desfavoráveis à sociedade individualista. Porém a verdade é que, por um lado, a comunidade pode ser repressiva, impondo comportamentos padronizados e desprezando a individualidade de vários de seus membros, e, por outro, nada impede que na sociedade a relativa individualidade de seus membros seja compatível com o estabelecimento voluntário de inúmeras comunidades de amigos, dentro ou fora dos círculos familiares.

Para melhor caracterizar o movimento anti-iluminista e anticivilizatório, falarei brevemente agora de como ele ocorreu na Alemanha, onde se manifestou da forma mais forte, chegando até o nazismo. Em primeiro lugar, a autoconsciência nacionalista alemã concebia, por um lado, o povo alemão como descendente dos bárbaros germânicos invasores de Roma. Esta, em oposição a estes, representava a civilização. Por outro, mesmo antes de ocorrer a Revolução Francesa, a nação alemã era tida como antinômica à francesa. Assim, enquanto os iluministas franceses cultivavam os valores da civilização, os intelectuais alemães tendiam a considerar esses valores anticulturais. O sociólogo Norbert Elias, judeu alemão, mostra como esse antagonismo entre as duas nações recobria outro, social, interno à Alemanha, entre a nobreza da corte — francófila e francófona —

e a *intelligentsia* de classe média, que se sentia humilhada por aquela.[21] O fato é que a cultura é valorizada como natural, profunda e autêntica, e a civilização, desprezada como artificial, superficial e inautêntica. Assim, Nietzsche pensa que

> os pontos altos da cultura e da civilização se encontram longe um do outro; é preciso não se equivocar no que diz respeito ao antagonismo abissal entre cultura e civilização. Os grandes momentos da cultura foram sempre, do ponto de vista moral, tempos de corrupção: e, reciprocamente, as épocas da domesticação voluntária ou forçada do ser humano ("civilização"), tempos de impaciência para com as naturezas mais espirituais e ousadas. A civilização quer algo diferente do que a cultura quer: talvez algo inverso [...].[22]

A partir de semelhantes concepções, Oswald Spengler afirma que "as civilizações são os estados mais extremos e artificiosos de que uma espécie superior de seres humanos é capaz. Elas são uma conclusão; decorrem do processo criador como o produto criado; da vida como a morte, do desenvolvimento como a rigidez [...]".[23] Portanto, a cultura está para a juventude como a civilização está para a velhice e a morte. Lembramos: na Primeira Guerra, os aliados consideravam estar lutando contra os alemães em nome da civilização, de modo que Bergson, por exemplo, era capaz de declarar em 1914 que "a luta iniciada contra a Alemanha é a luta mesma da civilização contra a barbárie"; dessa forma, entenderemos que várias ideias hostis à civilização tenham circulado a partir de 1919, como uma espécie de vingança, no plano ideal, dos alemães contra a França. Assim, nesse mesmo ano, Georg Simmel, por exemplo, se refere aprobativamente ao fato de o termo "civilização" ser então usado comumente como pejorativo, referente a algo total ou relativamente exterior à verdadeira cultura.[24] Em 1934, em seu *Deutscher Sozialismus*, Werner Sombart propõe ao socialismo alemão a missão de alcançar "uma condição que chamamos cultura [...] e dissolver a condição existente que chamamos civilização".[25]

À valorização da cultura e à concomitante desvalorização da civilização corresponde a idealização da barbárie. Assim, Nietzsche havia também afirmado que, na história de cada povo, chega um momento em que a elite deve impedir

> a continuação da experimentação e da condição fluida dos valores, o exercício *in infinitum* do exame, da escolha, da crítica dos valores. Contra isso, erige-se uma dupla muralha: por um lado, a *revelação*, isto é, a afirmação de que as razões das leis não são de origem humana, não foram buscadas e descobertas lentamente e através de erros, mas de origem divina, meramente transmitidas inteiras, perfeitas, sem história, uma dádiva, um milagre [...] e, por outro lado, a tradição, isto é, a afirmação de que a lei já vigora há tempos imemoriais, de modo que seria ímpio, seria um crime contra os antepassados colocá-las em dúvida. A autoridade das leis se fundamenta com as teses: Deus as deu, os antepassados as viveram.[26]

Segundo Nietzsche, esse teria sido o admirável procedimento dos defensores do Código de Manu, que sistematizara as leis religiosas e sociais do hinduísmo. Curiosamente, Nietzsche faz isso ao defender a superioridade do hinduísmo sobre o cristianismo. Ora, hoje é evidente que o procedimento que ele atribui aos hinduístas é exatamente o que também praticam os cristãos fundamentalistas, isto é, "bárbaros"...

Trata-se da *pia fraus*, a "fraude pia", chamada por Nietzsche também de *heilige Lüge*, isto é, de "mentira sagrada". Ela consiste em uma maquinação política que o aristocratista Nietzsche aprendeu através da leitura das obras do aristocrata Platão. Não terá escapado ao leitor a semelhança entre a comunidade que se obteria com o auxílio da mentira descrita por Nietzsche e a comunidade que o filósofo ateniense idealiza no trecho já citado de *As leis*. A própria ideia do direito dos governantes de recorrer à mentira sagrada tem Platão como uma de suas fontes.[27] De fato, imediatamente em seguida ao trecho em questão, que idealiza uma situação em que ninguém se lembre de que algum dia as leis tivessem sido diferentes daquelas vigentes, o personagem Ateniense comenta que o legislador deve, portanto, seja como for, excogitar um artifício pelo qual a sua pólis ficará assim.[28] É claro que o que Platão tem em mente aqui é, para usar a expressão que ele já empregara na mesma obra,[29] uma "mentira útil". Em *A República*, ele afirma explicitamente que os governantes, para o bem dos governados, devem contar-lhes o que chama de "mentiras nobres".[30]

Voltando a Nietzsche, observemos que, no mesmo parágrafo em que elogia a mentira sagrada, ele se pergunta retoricamente: "Quem eu mais odeio, dessa gentalha de hoje em dia?". E responde:

> A gentalha socialista, os apóstolos da chandala, que corroem o instinto, o prazer, o sentimento de satisfação do trabalhador com sua existenciazinha, que o tornam invejoso, que lhe ensinam a vingança [...]. A injustiça jamais se encontra na desigualdade de direitos, mas na aspiração a direitos *iguais* [...].[31]

Em seu livro *Sobre a genealogia da moral*, Nietzsche tece fantasias precisamente sobre os bárbaros germânicos, as suas *blonde Bestie*, "feras louras". Uma de suas anotações póstumas afirma que, além dos bárbaros que vêm do fundo, "há outro tipo de bárbaros, que vêm do alto: uma espécie de naturezas conquistadoras e dominadoras que buscam um material a que possam dar forma".[32] Em 1899, Houston Stewart Chamberlain, genro de Richard Wagner e, como este e Nietzsche, um dos ídolos de Adolf Hitler, compara a conquista do Império Romano do Ocidente pelos bárbaros ao "haja luz", da Bíblia.[33]

Em 1932, o escritor Ernst Jünger, apreciado pelos nazistas, afirma: "Queiram uns reconhecê-lo como uma recaída em uma barbárie moderna, outros saudá-lo como um banho de aço, mais importante é ver que um novo e ainda incontrolado influxo de forças elementares se apossou do nosso mundo".[34] Spengler diz, em 1933, que "a barbárie é o que chamo de raça forte, o eterno guerreiro, no tipo da fera predatória que é o homem". No mesmo ano, Hitler declara: "Sim, somos bárbaros. *Queremos* sê-lo. Trata--se de um título honorífico. Somos *nós* que rejuvenescemos o mundo. Este mundo está no fim".[35]

O pressuposto de tais ideias é que a civilização moderna está culturalmente velha, decadente, impotente e que, assim como o mundo antigo teria sido rejuvenescido em sua cultura pela invasão dos bárbaros germânicos, também o mundo moderno precisa ser rejuvenescido por novos bárbaros. Cabe, em primeiro lugar, observar que a presunção embutida nesse pressuposto é absurda. O mundo antigo não foi culturalmente rejuvenescido pelos bárbaros germânicos. Ele já havia sido tomado pelos bárbaros internos, que eram os cristãos, e estes, longe de serem conquistados pelos bárbaros germânicos, os conquistaram. Os bárbaros cristãos, em vez de rejuvenescer culturalmente o mundo antigo, enclausuraram-no espiritualmente, inibindo qualquer criatividade significativa desde o século v até o xii. Não houve luz; houve trevas. Mas não menos ridícula é a tese de que, no que tange à cultura, a civilização dos séculos xix e xx estava em seus estertores, quando a verdade é que, graças ao Iluminismo, em poucas outras épocas históricas, se é que isso ocorreu em alguma, tanta criatividade e ousadia se manifestaram nas artes, na literatura, na filosofia ou na ciência.

Os bárbaros de hoje, como os fundamentalistas islâmicos ou cristãos, reagem exatamente à vitalidade — logo, à juventude — da civilização. Em nossos dias, a barbárie, como diz Andreas Breitenstein, odeia a civilização, "não pelo que esta faz, mas pelo que é: livre e progressista, secular e sexy, individualista e multicultural, rica de formas e possibilidades de vida".[36] Aliás, lembro que quando, nos Estados Unidos, alguém tentou definir o já citado Amartya Sen como "asiático", ele respondeu:

> Posso ser ao mesmo tempo asiático, cidadão indiano, bengali com ancestrais de Bangladesh, residente americano ou britânico, economista, filósofo amador, escritor, sanscritista, alguém que crê fortemente no secularismo e na democracia, homem, feminista, heterossexual, defensor dos direitos de gays e lésbicas, praticante de um estilo de vida não religioso, de background hindu, não brâmane, descrente em vida depois da vida (e, caso interrogado, descrente em vida antes da vida também). Isso é apenas um pequeno exemplo das diversas categorias às quais posso simultaneamente pertencer. [...] Há, naturalmente, um número enorme de outras categorias que, dependendo das circunstâncias, podem me atrair e engajar.[37]

Cabe-nos lutar para aprofundar e universalizar a civilização, para que todos — todos os que desejem — possam desfrutar das infinitas possibilidades que ela oferece.

Homero e a essência da poesia*

Para Fernando Muniz

1.

No ensaio de Heidegger "Hölderlin e a essência da poesia", que termina com a sétima estrofe do poema "Brot und Wein" [Pão e vinho], lê-se a pergunta *"und wozu Dichter in dürftiger Zeit?"* [e para que poetas em tempo de indigência?]. Conhecem-se bem as razões pelas quais Heidegger considerava a modernidade um tempo de indigência. Se, segundo ele, a metafísica antiga tinha efetivamente esquecido o ser, ao reduzi-lo a um ente fundamental ou supremo, a metafísica moderna completara esse esquecimento, ao transformar o homem no único sujeito.

"O homem", diz Heidegger, "torna-se aquele ente sobre o qual todo ente se funda, no modo do seu ser e da sua verdade."[1] Com isso, "o ente na sua totalidade é tomado de tal maneira que só é ente na medida em que é posto como tal pelo homem que o representa

---

* Texto originalmente publicado em Adauto Novaes (Org.), *Mutações: Entre dois mundos*. São Paulo: Edições Sesc, 2017.

e produz".[2] O ente na sua totalidade passa a ser mero objeto relativo a esse sujeito. A verdade se reduz à certeza do sujeito. É como meros objetos que todos os entes — inclusive os próprios sujeitos humanos — passam a ser considerados. Dessa maneira, nada tem valor em si, de modo que se instala o mais completo niilismo, no sentido de Nietzsche, que Heidegger resume na frase: "Os valores supremos se desvalorizam". Na verdade, Heidegger, nesse ponto, vai mais longe do que Nietzsche, tomando a própria problemática dos valores como já derivada da metafísica da subjetividade.

Nessa situação, também a obra de arte se põe como um *objeto* para um *sujeito*. Para a consideração da obra de arte, é determinante a relação sujeito-objeto, no que diz respeito à sensibilidade.[3] Diz Heidegger:

> Quase desde a mesma época em que começou uma consideração própria sobre a arte e os artistas, ela é chamada de consideração estética. A estética toma a obra de arte como um objeto e, precisamente, como o objeto da *aísthesis*, isto é, da apreensão sensível no sentido amplo. Hoje, chama-se a essa apreensão vivência [*Erlebnis*]. [...] Tudo é vivência. Mas talvez a vivência seja o elemento em que a arte morre.[4]

Contra a estética, Heidegger, que toma a essência da arte como sendo a poesia, afirma que a essência da poesia "é a instauração da verdade. *Instaurar* entendemos aqui num sentido tríplice: instaurar como doar, instaurar como fundar, instaurar como iniciar".[5] Como observa Benedito Nunes, "não é, pois, a simples relação entre sujeito e objeto que se estabelece entre mim e a obra, mas uma relação participante, de envolvimento num contexto".[6] A palavra "verdade" deve ser interpretada no sentido que Heidegger atribui à palavra grega *alétheia*, que é o de desvelamento ou desocultamento. "A poesia", afirma ele também, "é o nomear instaurador dos deuses e da essência das coisas."[7] Não se trata, segundo pensa, "de um dizer arbitrário, mas daquele através do qual em primeiro lugar se abre tudo aquilo com que lidamos e de que tratamos na linguagem cotidiana".[8] É assim porque "o poeta está entre aqueles — os deuses — e este — o povo".[9] Em tempo de indigência, ser poeta significa, nessa perspectiva, "cantando, prestar atenção ao rastro dos deuses que fugiram".[10]

A disciplina da estética foi batizada com tal nome no século XVIII. Entretanto, Heidegger chama atenção para o fato de que, mesmo antes disso, já na Antiguidade, passara a haver algo como uma estética entre os gregos, "no momento em que a grande arte, mas também a grande filosofia grega chegam ao fim".[11]

Pois bem, lembrando que, no ensaio anteriormente citado, "Hölderlin e a essência da poesia", Heidegger observa que, conquanto tenha escolhido falar da essência da poesia a partir da obra de Hölderlin, essa essência se realiza também, e de modo até mais rico, em Homero ou Sófocles, Virgílio ou Dante, Shakespeare ou Goethe,[12] proponho aqui consultar os poemas de Homero justamente em relação à estética. Se, como quer Heidegger, a consideração estética da obra de arte surge no momento em que a grande arte grega chega ao fim, então Homero e o seu mundo não poderiam tê-la conhecido. Vejamos.

2.

A concepção de Heidegger segundo a qual o poeta é um intermediário entre os deuses e o povo — ou, pelo menos, entre os deuses e o público — é certamente expressa pelo próprio Homero, ao invocar, desde o início de cada um dos seus poemas, as Musas. Homero pretende relatar ao seu público aquilo que lhe é confiado por essas deusas.

São famosos os versos da *Teogonia* em que Hesíodo conta a origem das Musas, inspiradoras dos poetas, ou melhor, dos *aedos*, para usar a expressão que ele e Homero empregavam: "Pariu-as na Pieria, unindo-se ao Pai Cronos, Memória, senhora das colinas de Eleutera, como esquecimento dos males e descanso das aflições".[13] Também no *Hino homérico a Hermes*, mais tardio que os poemas de Hesíodo, atribui-se a mesma filiação às Musas.[14]

O nome grego da deusa Memória é, como se sabe, Mnēmosynē. Não se sabe se Hesíodo inventou a afinidade entre as Musas e a Memória ou se ele estava apenas a explicitar uma afinidade já reconhecida. É mais provável a segunda hipótese. Talvez se possa tomar como uma indicação disso o fato relatado por Plutarco de que em muitos lugares, como em Quio, as Musas eram chamadas de *Mneíai*, isto é, "lembranças".[15]

3.

Como não podia deixar de ser, a filiação materna das Musas produziu inúmeras especulações sobre como os gregos arcaicos concebiam seus poemas épicos — ou, como eles diziam, *êpea* (plural de *epos*, que quer dizer "palavra", "poema", "discurso reiterável"). A hipótese mais comum, baseada também no fato de que a *Ilíada* pretende relatar feitos passados durante a Guerra de Troia, é que os *êpea* tinham a função de seletivamente preservar a memória de uma comunidade. Eric Havelock apresenta uma modalidade dessa concepção quando diz que

> a epopeia [...] deve ser considerada em primeiro lugar não como um ato de criação mas como um ato de lembrança e recordação. Sua musa protetora é de fato Mnēmosynē, que simboliza não apenas a memória considerada como um fenômeno mental, mas antes

o ato total da lembrança, recordação, memorialização [*memoria-lising*] e memorização que se obtém no verso épico.[16]

A ideia de que os *êpea* constituíam a enciclopédia da cultura oral é um desenvolvimento dessa concepção.[17]

Contudo, esse modo de considerar os *êpea* é incompatível com o fato de que, na mesma *Teogonia*, as Musas também se vangloriam de saber dizer muitas mentiras semelhantes à verdade,[18] num verso que praticamente repete o verso da *Odisseia*, em que Homero atribui a Odisseu essa mesma capacidade de dizer mentiras verossímeis.[19] Sem a capacidade de mentir ou inventar, como teriam elas se tornado as parteiras do — nas palavras de Nietzsche — "esplêndido nascimento onírico dos deuses olímpicos"?[20] E como, sem isso, poderiam proporcionar a seus ouvintes o "esquecimento dos males e descanso das aflições" para os quais, segundo Hesíodo, foram concebidas por Zeus e Mnēmosynē?[21] A Memória de que falam os poetas orais primários está a serviço do esquecimento, e não da história.

A própria ocasião da apresentação do aedo nada tem de pedagógica ou solene, pois consiste num banquete. Leia-se, por exemplo, como Homero descreve a ocasião em que o aedo Demódoco se apresenta, no festim que Alcínoo preparou para Odisseu:

Encheram-se de homens os pórticos, os pátios e os aposentos. Eram muitos, jovens e velhos. Para eles, Alcínoo sacrificou doze carneiros, oito javalis de presas brancas e dois bois cambaleantes. Esfolaram-nos e os temperaram, preparando um delicioso banquete.

Aproximou-se o arauto, guiando o fiel aedo, a quem a Musa ama muito, e a quem deu do bem e do mal. Privou-o da vista, mas deu-lhe o doce cantar. Para ele, Potónoo, o arauto, colocou um trono tauxiado de prata no meio dos convivas, encostado numa alta pilastra, pendurou num cabide a lira sonora sobre a cabeça do aedo, e lhe mostrou como alcançá-la com as mãos. Ao lado dele pôs um paneiro, uma bela mesa e uma taça de vinho, para que bebesse quando o coração desejasse. Eles lançaram as mãos aos quitutes preparados. Contudo, quando tiveram o bastante de bebida e comida, a Musa moveu o aedo a cantar as glórias dos heróis.[22]

Será preciso dizer que a tais convidados, em tais circunstâncias, a função do aedo não é proporcionar uma lição de história?

Outra afirmação, contida na *Odisseia*, que parece incompatível com a tese da pretensa historicidade é a de que as canções mais elogiadas pelos seres humanos são as mais recentes que tenham ouvido.[23]

Mas há uma razão mais profunda para se duvidar de que Mnēmosynē tenha a ver com o passado histórico. É que não há, numa cultura oral primária, como separar a memória da imaginação. Na verdade, a noção da inextricabilidade entre a memória e a imaginação não ocorre apenas nas culturas orais. Aristóteles mesmo considerava que a memória pertence à mesma parte da alma à qual pertence a imaginação.[24] Na Idade Média, Tomás de Aquino o segue, nesse ponto.[25] Ainda no início da Idade Moderna, Hobbes afirma que "a imaginação e a memória são apenas uma coisa que, por diversas considerações, tem diversos nomes".[26] A razão disso é o reconhecimento de que, no pensamento humano, a memória e a imaginação do indivíduo não se distinguem senão em grau.

Quanto à memória coletiva, porém, há uma enorme diferença entre o que se dá na cultura oral e o que se dá na cultura escrita. Nesta, podemos classificar as fontes escritas em primárias e secundárias, julgar a autenticidade de umas e outras a partir de considerações filológicas e estilísticas e discriminar o que pertence à memória e o que pertence à imaginação à luz do vasto conhecimento armazenado e disponível de arqueologia, história, antropologia, etnografia, geografia, biologia e, em princípio, de todo o conhecimento científico acumulado que possa ser relevante à nossa investigação. Tudo isso está, em princípio, virtualmente presente à nossa apreciação.

Já na cultura oral, os ouvintes de um aedo só têm presente ante si o próprio discurso épico que escutam. Fora disso, cada um deles tem a memória mais ou menos vaga de outras apresentações do mesmo ou de outros aedos, sendo que a memória de cada um deles jamais é idêntica à dos outros. Além disso, eles não têm como compará-las com o próprio *epos* que está sendo dito, nem no momento em que o escutam (do contrário interromperiam a escuta), nem após a escuta, pois então ele já não estará presente. Em tais circunstâncias, podem-se julgar apenas duas coisas: a aparente concordância do discurso que se está a ouvir com outros, ouvidos no passado e já parcialmente esquecidos; e, também em comparação com esses, a aparente e relativa beleza e verossimilhança do *epos* em curso. Não havendo como efetivamente julgar a veracidade dos diferentes relatos, é claro que a beleza e a verossimilhança são as qualidades mais importantes para o ouvinte. A memória não se separa da imaginação.

4.

Outra interpretação da genealogia das Musas era a de que a Memória se referisse menos à história do que aos próprios poemas. Supondo-se que, na cultura oral, os aedos ou cantores repetissem sempre os mesmos poemas, memorizados e reiterados geração após geração, interpretava-se a Memória como a Memorização: esta seria a verdadeira mãe das Musas. Havelock exemplifica também essa posição, pois acredita que, numa cultura oral, a memorização seja o caminho para a preservação seletiva da memória da comunidade. Assim, segundo ele, as Musas "não são as filhas da inspiração ou da invenção, mas basicamente da memorização. Seu papel central não é criar mas preservar".[27]

Entretanto, os pesquisadores norte-americanos Milman Parry e Alfred Lord, e o pesquisador esloveno Matija Murko, estudando os poetas épicos orais da Iugoslávia que, na década de 1920, trabalhavam em condições análogas às de Homero, descobriram que, embora eles afirmassem repetir sempre os mesmos poemas, palavra por palavra, na verdade jamais agiam assim. "Os cantores", conta Murko sobre os poetas pertencentes à tradição épica oral da Iugoslávia moderna, "não têm texto estabelecido, recriam sempre as suas canções, embora afirmem fazê-las sempre iguais ou apresentá-las como as 'captaram' ou 'ouviram'."[28] Falando a respeito de dois cantores da mesma tradição, Zogic e Makic, Lord mostra que ambos "enfatizam que cantariam a canção exatamente como a ouviram, Zogic jactando-se até de que, vinte anos depois, cantaria a canção do mesmo modo ('palavra por palavra, linha por linha')", e explica que "Zogic aprendeu de Makic a canção em questão [...]. Não a aprendeu palavra por palavra e linha por linha, e, no entanto, as duas canções são versões reconhecíveis da mesma história. Não são, porém, tão parecidas que possam ser consideradas 'exatamente iguais'."[29] Na verdade, segundo o mesmo autor,

> qualquer canção particular é diferente na boca de cada um dos seus cantores. Se a considerarmos no pensamento de um único cantor durante os anos em que ele a canta, descobriremos ser diferente em diferentes estágios de sua carreira. A clareza dos contornos de uma canção dependerá de quantas vezes ele a cantou; se é uma parte estabelecida do seu repertório, ou apenas uma canção que canta ocasionalmente. A extensão da canção também é impor-

tante, pois uma canção curta por natureza tenderá a tornar-se tanto mais estável quanto mais for cantada.[30]

Observemos que a palavra "palavra" significa uma coisa para quem conhece a escrita e outra coisa para quem a desconhece.

De todo modo, a observação da poesia oral iugoslava ocasionou a elaboração do conceito de *composition in performance*, composição durante a recitação, ou, se quisermos, durante a apresentação, que manifesta o fato de que não há diferença entre o ato através do qual o cantor apresenta determinada canção e o ato através do qual ele a compõe, pois a apresentação consiste numa recriação.[31]

Para poder improvisar desse modo, o cantor épico necessita dispor de certos recursos linguísticos que lhe permitam, obedecendo à métrica tradicional, improvisar fluentemente. A poesia épica grega emprega o hexâmetro dactílico, em que cada verso contém seis pés, cada um dos quais sendo composto de uma sílaba longa seguida por duas sílabas breves ou, ocasionalmente, por outra sílaba longa. Um desses recursos são as *fórmulas*. Trata-se de sintagmas ou, como as define Parry, expressões que, usadas sob as mesmas condições métricas, exprimem uma ideia essencial.[32] Por exemplo, em vez de empregar simplesmente, como de hábito, a palavra ἠώς para dizer "de madrugada", Homero muitas vezes prefere o verso ἦμος δ' ἠριγένεια φάνη ῥοδοδάκτυλος' Ἠώς ("mal raiou a filha da manhã, Aurora de róseos dedos"), que, sendo um hexâmetro dactílico, diz a mesma coisa. Ou, para preencher um hexâmetro dactílico, ele frequentemente usa seus famosos epítetos, no lugar de dizer simplesmente o nome de um deus ou um herói. Assim, por exemplo, em vez de Ὀδυσσεύς (Odisseu) tout court, ele pode preferir, se lhe for metricamente mais conveniente usar, ao final do verso que está pronunciando, πολύ ἔτλας διός Ὀδυσσεύς (atribulado, divino Odisseu).

Desse modo, o aedo dispõe não apenas do vocabulário atômico tradicional, mas também de um vocabulário molecular, que são as fórmulas. Pode-se dizer que seus discursos poéticos são construídos num idioma[33] que possui a peculiaridade extraordinária, sublinhada por Barry Powell, de ser falado por poucos membros da comunidade — os aedos —, mas que é entendido por todo o mundo.[34] Doravante o chamarei de *idioma hexamétrico*. Assim como não há diferença entre a composição e a reiteração de uma canção, tampouco há diferença entre o cantor e o compositor. Cada vez que o cantor canta uma canção, ele a recompõe; e o compositor não compõe senão quando canta uma canção.

Foi somente depois da invenção da escrita que se tornou relativamente comum a memorização da *Ilíada* e da *Odisseia*. No século IV a.C., por exemplo, eram os rapsodos, conhecedores da escrita, como Íon, personagem do diálogo homônimo de Platão, que memorizavam longos trechos dos poemas homéricos. Ao contrário da palavra "aedo", a própria palavra "rapsodo" é pós-homérica, logo, posterior à introdução da escrita.

Antes, como diz Lord,

> as canções sempre estiveram em fluxo e se cristalizavam para cada cantor somente quando ele se sentava ante uma audiência e lhe contava a história. Era uma velha história que ouvira de outros, mas aquela maneira de contar era dele mesmo [...]. Ele deve tê-la cantado muitas vezes antes e muitas vezes depois daquelas ocasiões momentosas que nos deram a *Ilíada* e a *Odisseia*. E então ocorreu um dos grandes eventos na história cultural do Ocidente, a escritura da *Ilíada* e da *Odisseia*, de Homero.[35]

Se isso é verdade — e é forçoso reconhecer que hoje nenhuma outra hipótese se aproxima dessa em plausibilidade —, então os versos da *Ilíada* que nos chegaram constituem apenas uma das versões desse poema; e o mesmo ocorre com os da *Odisseia*. Essas versões não derivam de nenhum *original*, pois a oposição entre o original e o derivado não existe na cultura oral. "Cada apresentação", diz Lord, "é uma canção diferente, pois cada apresentação é singular, e cada apresentação tem a assinatura do seu poeta cantor [...]. A audiência sabe que é dele porque o vê em frente."[36]

Isso significa que num período longo como, digamos, o que vai da juventude à velhice de um poeta, as mudanças foram provavelmente bastante grandes. Que dizer das diferenças entre diferentes poetas, contemporâneos seus ou não? Não há dúvida de que os próprios poetas e também o seu público se davam conta de que eram consideráveis as diferenças entre uma apresentação e outra.

O fato é que não se sustenta nem a tese de que Mnēmosynē se refere propriamente ao passado, nem a tese de que se refere propriamente à memorização. Por sua vez, nenhuma das duas teses parece ser totalmente falsa.

No que diz respeito à memorização, deve-se levar em conta que, como a maestria na articulação do idioma hexamétrico — que funciona como uma matriz epopeica — depende entre outras coisas da pronta capacidade de mobilização de uma memória que, idealmente, tenha memorizado (decorado, posto no coração) todas as fórmulas, todo o vocabulário molecular tradicional, é evidente que se encontram inextricavelmente mesclados na reiteração os aspectos mnemônicos com os criativos, e os inovadores com os tradicionais. Assim também, as Musas não deixam de ser invocadas no catálogo das naus do segundo livro da *Ilíada*, quando se trata de recitar uma grande lista de nomes, lugares e epítetos, certamente memorizados.

Tampouco a tese de que o *epos* preserva a memória da comunidade pode ser considerada inteiramente falsa. Devemos, porém, fazer a ressalva de que o que a cultura oral entende por memória não é o que nós chamamos de tal. Não sendo, como vimos, capaz de separar claramente a imaginação, por um lado, e a memória de longo prazo, isto é, a memória coletiva, por outro, a cultura oral se refere sempre a um passado mítico, logo, plástico. Além disso, a autoridade de um *epos* é tanto maior para o ouvinte da cultura oral quanto mais impressionante e inesquecível, isto é, quanto mais *memorável* ele lhe parece. E, na cultura oral, é sem dúvida em consequência da memorabilidade de um *epos* que os *mythoi* — as histórias que ele conta — também se tornam memoráveis e repetidos.

5.

Trata-se aqui de um ponto crucial. Tudo leva a crer que o bardo considera as Musas filhas da memória, não em primeiro lugar porque os *êpea* que elas inspiram guardem a memória de outras coisas, nem porque sejam memorizados, mas porque os têm por *memoráveis*. Com efeito, a palavra *mnēma*, de onde vem Mnēmosynē, significa, em Homero, memento ou memorial. Assim, na *Ilíada*, "*mnēma* dos funerais de Pátroclo" significa "memorial dos funerais de Pátroclo". Em Heródoto, a palavra *Mnēmosyna* significa monumento, isto é, aquilo que tem a finalidade de perpetuar a memória de alguma coisa.[37]

A prioridade da memorabilidade com relação à memória é não somente conservada, mas expressamente reconhecida e até reivindicada pelos poetas líricos, inclusive pelos que já pertenciam à cultura escrita. É assim que eles por vezes se jactavam de que a memorabilidade dos seus poemas conferia memorabilidade também aos temas e, em particular, às pessoas de que tratavam. Safo, por exemplo, como observa Aelius Aristides, gabava-se, perante certas mulheres consideradas bem-afortunadas, de que, graças às

Musas, era, no fundo, mais venturosa e invejável do que aquelas, pois não seria esquecida nem mesmo depois de morta.[38]

Píndaro diz ter para si que "a fama de Odisseu excedeu seu sofrimento graças às doces palavras de Homero".[39] Assim também, segundo ele, "conhecemos a fama de Nestor e Sarpédon, o lício, graças aos versos ressoantes que sábios compositores lhes prepararam. A virtude ganha longa vida pelas canções gloriosas".[40] Por sua vez, quando "destituídos de canções, os grandes e poderosos feitos são cobertos de obscuridade; contudo, somente se consegue um espelho que reflita os grandes feitos de um modo: quando, graças à brilhante Mnēmosynē, encontra-se nas palavras de canções famosas a recompensa pelos sofrimentos".[41] Do mesmo modo, o poeta Íbico diz ao tirano Polícrates que a canção que lhe faz e a fama que tem conferirão também a este fama imortal.[42]

6.

Mas, voltando a Homero e Hesíodo, falta-nos considerar outra questão. Por que o poeta oral faz questão de atribuir a memorabilidade dos seus poemas às divindades, e não a si próprio? Por que não os atribui, digamos, à sua própria habilidade, ou ao seu próprio gênio? Digo "faz questão" de propósito, pois, com o mito de Tâmiris, o trácio, Homero me parece terminantemente impor a si próprio a proibição de se tomar por autossuficiente.

Tâmiris era um poeta exímio. Em seus dias de glória, ele fora amante de Jacinto, um rapaz tão belo que, mais tarde, provocou a paixão de duas divindades: a do próprio Apolo e a de Zéfiro, o vento ocidental. Aliás, o episódio dessa rivalidade divina pelo amor de um mortal resulta trágico: quando Apolo ensinava Jacinto a atirar discos, Zéfiro, enciumado, soprou um desses discos para a testa de Jacinto, que morreu, enquanto do seu sangue jorrado nascia a flor do mesmo nome. Mas, antes disso, acontecera que Tâmiris, confiante em seu talento, desafiara as próprias Musas para um duelo musical. Como, naturalmente, perdeu, as Musas lhe retiraram toda a visão e o talento.

Volto à pergunta que fiz antes de mencionar Tâmiris. Por que o aedo faz questão de atribuir a memorabilidade dos seus poemas às divindades, e não a si próprio? É certamente convincente a célebre descrição que Platão, no *Íon*, atribui a Sócrates do entusiasmo do poeta: a Musa — que entusiasma o poeta, que entusiasma o rapsodo, que entusiasma seu público — é por ele comparada a um magneto que atrai e magnetiza um anel de ferro que, por sua vez, atrairá muitos outros anéis de ferro.[43] A nossa experiência contemporânea com apresentações de música — seja de música erudita, seja de rock, seja de samba, seja de pop, seja de jazz, seja de flamenco etc. — permite-nos saber, além disso, que, quando tudo dá certo, o entusiasmo do performer contagia a plateia, e o entusiasmo desta, por sua vez, confirma e aumenta o entusiasmo dele.[44]

Mas penso que a verossimilhança psicológica não é suficiente como explicação. As Musas têm outras atribuições. Uma delas me parece ser significada pela cegueira de Homero. Esta indica que aquilo que o aedo canta não se origina da sua visão ou do seu testemunho pessoal. É por isso que não é preciso que ele tenha estado presente à Guerra de Troia para dela fazer o seu tema. As verdades ou mentiras que acaso cante não se originam nele mesmo, mas provêm da divindade.

Ao mesmo tempo, essa associação com a divindade enobrece o aedo. Assim, Odisseu, que é nobre, diz a Demódoco, o aedo dos feácios: "Louvo-te acima de todos os mortais: ou te ensinou a Musa, filha de Zeus, ou Apolo; pois cantas em ordem perfeita a sorte dos aqueus, o quanto fizeram e passaram, e o quanto sofreram os aqueus, como se lá tenhas estado ou escutado de outro".[45]

O aedo passa a ser não apenas o discípulo, mas o favorito das deusas. De certo modo, ele descende delas. Pela voz de Odisseu, generaliza-se a relação das Musas a toda a "raça" — *phýlon* — dos aedos, que, por isso, devem ser honrados: "Entre todos os homens da Terra", segundo ele, "os aedos merecem honra e respeito, pois a eles a Musa, que ama a raça dos aedos, ensinou".[46]

É assim que, como já vimos, o poeta conquista uma liberdade extraordinária. Nas palavras de Luciano de Samosata, "é pura a liberdade do poeta e só uma lei vale para ele: a aparência. Pois ele é inspirado e possuído pelas Musas".[47] Se as palavras do poeta se originassem dele próprio, ele jamais teria conquistado semelhante liberdade. Entende-se, assim, a verdadeira razão da proibição da pretensão à autossuficiência, imposta pelo poeta a si próprio.

Uma das condições necessárias dessa liberdade é, naturalmente, o fato de não haver nenhuma ortodoxia à qual o aedo ou seu público devam conformar-se. Por não temerem alguma censura eclesiástica, por serem livres de qualquer obrigação de obedecer a doutrinas religiosas ou teológicas, por viverem numa cultura que não possui nem Igreja, nem livros sagrados, nem castas de sacerdotes ou escribas a reivindicar o monopólio do saber legítimo (pois nada disso existia na Grécia arcaica), o aedo, que vive e transita por diferentes cidades-Estados em que os cidadãos gozam de relativa liberdade (pelo menos em comparação com os súditos do despotismo oriental), esse aedo — precisamente ao abdicar à pretensão da criação individual e ao se declarar o discípulo e o reiterador do discurso das Musas ou de Apolo — conquista uma liberdade aparentemente sem paralelo na Antiguidade.

Segundo Arnold Hauser, o "espírito sem lei e irreverente" dos príncipes aqueus da idade heroica deve-se ao fato de que eles eram piratas e saqueadores que haviam obtido uma série fulminante de vitórias sobre povos muito mais civilizados. Com isso, emanciparam-se de sua religião ancestral, ao mesmo tempo que desprezavam as religiões dos povos conquistados, exatamente por serem religiões de povos conquistados. Tornaram-se assim individualistas, acima de toda tradição e lei.[48]

7.

Observar-se-á uma circularidade inegável no fato de que quem legitima a fala do aedo sejam as Musas, mas quem garante a existência das Musas seja o aedo. Só a evidência de que o aedo esteja possuído pela divindade quebra tal círculo. Estar possuído por essas divindades, porém, não significa estar possesso, no sentido de furioso, convulsionante ou estrebuchante. De qualquer modo, tudo isso poderia ser impostado. A natureza da evidência de que as Musas possuem o aedo é sugerida pelos seguintes versos de Teógnis: "Musas e Graças, filhas de Zeus, que uma vez, tendo vindo ao noivado de Cadmos, cantastes um belo *epos*: *o belo é nosso, o não belo não é nosso*: esse *epos* passou por bocas imortais".[49] Ou seja, todo o belo e unicamente o belo passa pelos lábios imortais dessas deusas.

A beleza dos poemas é a prova de sua origem divina, e sua origem divina legitima a liberdade do poeta. Eis por que a beleza é a qualidade realmente almejada pelo aedo. Por direito, seus poemas são belos por serem divinos; de fato, porém, são divinos por serem belos. Logo, a primeira preocupação do aedo não é fazer o poema *verdadeiro*, mas o poema belo; e a primeira exigência de seu público não é escutar um poema *verdadeiro*, mas um poema cuja origem se encontra na dimensão da divindade ou, o que dá no mesmo, um poema que lhes dê prazer estético, pois o "cantor divino" é o que "delicia ao cantar".[50]

Eric Havelock, cujas intuições sobre a originalidade do alfabeto grego são entretanto admiráveis, errou redondamente ao insistir que "o poeta [Homero] era em primeira instância o escriba e erudito e jurista, e somente num sentido secundário o artista e o *showman* da sociedade [grega]".[51]Às vezes se tem a impressão de que Havelock e outros estudiosos querem ver nos poemas homéricos uma espécie de Bíblia oral dos gregos, sem a qual eles não conseguiriam conservar sua identidade cultural. Ora, justamente a primazia do ponto de vista estético e a ausência de uma religião institucionalizada e monopolista são condição da assombrosa originalidade, fecundidade e liberdade da cultura grega oral.

De todo modo, a *verdade* é relegada a segundo plano, o que, de novo, lembra as famosas palavras das Musas a Hesíodo: "Sabemos dizer muitas mentiras parecidas com verdades, mas também sabemos, quando queremos, cantar coisas verdadeiras". Da mesma maneira, a moral fica evidentemente em segundo plano nos poemas. Na verdade, tornou-se proverbial a amoralidade dos deuses homéricos. Em vários e deliciosos episódios da *Ilíada* e da *Odisseia*, até os maiores deuses, inclusive Zeus, são tratados de modo irônico e burlesco. Nas descrições homéricas, como já observamos, as apresentações dos aedos ocorrem sempre durante um banquete, enquanto o vinho é bebido não só pela plateia silenciosa,[52] mas pelo próprio poeta, "quando o coração o incita". A finalidade dessas apresentações é inequivocamente o prazer estético, a delícia que os aedos proporcionam ao cantar. Assim o porcariço Eumeu compara o fascínio de Odisseu ao de um aedo: "Como quando um homem, contemplando um aedo que aprendeu com os deuses a cantar poemas encantadores, quer ouvi-lo para sempre, quando quer que cante, assim, sentado no salão, ele me encantou".[53]

Uma vez que o puro esplendor da canção constitui a prova decisiva da sua autoria divina, todas as considerações morais ou religiosas se subordinam nela às considerações propriamente estéticas. Se, como diz Goethe, os gregos sonharam mais esplendidamente o sonho da vida,[54] é porque — agora sou eu que o digo — sonharam sonhos de poetas, e não de profetas, pastores ou sacerdotes.

Em suma: a beleza do poema épico — sua qualidade estética — prova a origem divina do poema, e a origem divina do poema confere relativa liberdade — autonomia — à poesia, logo, ao poeta, liberdade para cantar "por onde quer que o coração o incite a cantar",[55] sem nenhuma consideração para com a verdade, a ética ou a utilidade. Sua única consideração é precisamente estética.

Não posso, portanto, deixar de discordar de Heidegger, quando ele afirma que a consideração estética da obra de arte somente se manifesta "no momento em que a grande arte, mas também a grande filosofia grega chegam ao fim". Longe disso, é desde o princípio da grande arte grega, isto é, desde o princípio da poesia épica, que se anunciam tanto a consideração estética da obra de arte quanto a aspiração à autonomia da arte que, entretanto, só se realizariam de modo plenamente consciente na época moderna.

A poesia entre o silêncio e a prosa do mundo[*]

Ao falar sobre "a poesia entre o silêncio e a prosa do mundo" devo, logo no início, fazer um esclarecimento. Embora eu considere extremamente importante o conceito de "prosa do mundo", tal como empregado por Hegel, parece-me infeliz a locução "prosa do mundo" — ou, em alemão, *Prosa der Welt* — que o designa.

O problema que vejo nessa locução é que normalmente a prosa é tomada como o oposto da poesia. Ora, considero isso um equívoco. O que verdadeiramente se opõe à prosa não é a poesia, mas o verso. Essa oposição pode ser esclarecida etimologicamente. "Prosa", do vocábulo latino *prorsus* e, em última instância, de *provorsus*, que quer dizer "em frente", "em linha reta", é o discurso que segue em frente sem retornar, a menos que ou bem encontre um limite (como o fim da superfície em que se escreve ou a sua margem) ou bem que, a partir de considerações de natureza expositiva

---

[*] Texto originalmente publicado em Adauto Novaes (Org.), *Mutações: O silêncio e a prosa do mundo*. São Paulo: Edições Sesc, 2014; e depois em Antonio Cicero, *A poesia e a crítica*. São Paulo: Companhia das Letras, 2017.

(tais como indicar que as frases anteriores ao retorno são mais intimamente relacionadas entre si do que com o restante do texto), marque o início de um novo parágrafo.

"Verso", do vocábulo latino *versus*, particípio passado substantivado de *vertere*, que quer dizer "voltar", "retornar", é o discurso que retorna, mesmo que não encontre nenhum limite, nem obedeça a nenhuma preocupação de natureza expositiva.

Assim, são os que identificam, de algum modo, a poesia com o verso que a tomam como o oposto da prosa. Tal identificação constitui um erro tradicional. Já a primeira definição do dicionário de 1762 da Academia Francesa define a poesia como "a arte de fazer obras em versos"; a do nosso *Aurélio* diz: "arte de escrever em verso"; a do *Houaiss*, "arte de compor ou escrever versos"; e a do *Caldas Aulete*, "arte de fazer obras em verso". Curioso consenso em torno de um erro!

Não se pode, é claro, culpar os dicionários, pois eles apenas estão a registrar o uso mais comum que se faz da palavra "poesia". Aparentemente, portanto, quase todo mundo pensa que poesia é a arte de escrever, compor ou fazer versos.

Pois bem, nesse caso quase todo mundo está errado, pois é claro que, se tomarmos a poesia como a arte de escrever, compor ou fazer alguma coisa, trata-se de escrever, compor ou fazer poemas, e não versos; e, embora quase todos os poemas sejam compostos de sequências de versos, nem todas as sequências de versos chegam a constituir verdadeiros poemas. Assim, Aristóteles advertia contra a confusão entre poesia e verso, dizendo que "também os que expõem algo de medicina ou física em verso são chamados assim [de poetas]. Porém nada há de comum entre [por exemplo] Homero e Empédocles além do verso, de modo que é justo chamar o primeiro de 'poeta' e o outro de 'filósofo da natureza' [*physiológos*] em vez de 'poeta'".[1] A verdade é que alguém pode perfeitamente dominar a arte de fazer versos sem jamais conseguir escrever um poema.

Não é porque fossem poetas que os primeiros filósofos, fisiólogos etc. escreviam em versos. Eles o faziam porque, na Grécia, as obras em prosa surgiram muito depois de aparecerem obras em verso. A prosa não podia existir como gênero artístico senão na qualidade de gênero literário. Isso significa que ela não podia existir antes da adoção da escrita. Já a poesia foi um gênero artístico oral na Grécia muito antes da adoção da escrita. O poema — que os gregos chamavam *epos* (plural: *êpea* ou *epē*) — era o discurso que se reiterava, isto é, que se conservava ou guardava, em oposição a *mythos*, que era o discurso que não se reiterava. Ora, entre os *êpea* contavam-se os vocábulos, os provérbios, as canções, as profecias e os oráculos. Quando se introduziu a escrita na Grécia, ela foi usada, em primeiro lugar, para registrar os poemas de Homero. Assim, manteve-se a tradição de que os discursos que mereciam ser conservados deviam ser escritos em versos, mesmo que não fossem poemas, mas tratados de medicina, como os hipocráticos, ou de filosofia, como o de Empédocles.

Mas o fato de que a definição do dicionário inclua textos que não pertencem ao domínio da poesia não é seu único defeito. Ela também erra ao excluir peremptoriamente do domínio da poesia tudo aquilo que não seja composto de versos. Tais são tanto os poemas em prosa escritos por poetas da estirpe de Hölderlin, Novalis, Baudelaire, Rimbaud e, entre nós, Murilo Mendes, quanto poemas espaciais, visuais e concretos, de que existe uma forte tradição moderna no Brasil.

Em suma, não se deve opor a prosa à poesia. Sendo assim, proponho, logo de saída, substituir a expressão "prosa do mundo" por outra. Dado que, ao falar da prosa do mundo, Hegel se refere à linguagem do *Verstand*, palavra que é normalmente traduzida por "intelecto" ou "entendimento",[2] darei preferência a este último termo, no lugar da paradoxalmente mais poética expressão "prosa do mundo". Portanto, falarei a seguir sobre a poesia entre o silêncio e a linguagem do entendimento.

Leiamos, para começar, um poema. Trata-se de "Nosso mito", do poeta contemporâneo Alex Varella. Ei-lo:

> *O mundo estava às escuras.*
> *Tudo era regido então pelo breu da Grande Indistinção.*
> *O dia em que acendeu a luz da Poesia*
> *tudo ficou tão claro,*
> *ainda mais indistinto.*
> *Passou a ser regido então*
> *pela luz da Grande Indistinção.*
> *Poesia é a arte de alcançar de novo a indistinção.*
> *De alcançar a indistinção pela luz,*
> *não pelo breu.*[3]

Consideremos em primeiro lugar o título do poema, isto é, "Nosso mito". Dado que, como veremos, o tema do poema é a poesia mesma, e que o poema é escrito por um poeta, podemos supor que "nosso" aqui signifique o que pertence aos poetas ou, ao menos, a alguns poetas, entre os quais inclui-se aquele que escreveu "Nosso mito". Pois bem, a palavra grega *mythos* significa simplesmente o que é falado ou dito. A rigor, o *mythos* de Édipo, por exemplo, é o que se fala e pensa sobre Édipo. "Nosso mito" será, portanto, o que os poetas, ou ao menos os poetas entre os quais se inclui o autor desse poema, pensam e falam sobre a poesia.

Os primeiros dois versos dizem: "O mundo estava às escuras./ Tudo era regido então pelo breu da Grande Indistinção". Os três últimos dizem que "Poesia é a arte de alcançar de novo a indistinção./ De alcançar a indistinção pela luz,/ não pelo breu". Há, portanto, duas indistinções: por um lado, a indistinção pelo breu e, por outro, a indistinção pela luz. O poema, ao falar sobre "O dia em que acendeu a luz da Poesia", indica que a indistinção pela luz é posterior à indistinção pelo breu. E, ao dizer que "Poesia é a arte de alcançar de novo a indistinção", insinua que, entre as duas indistinções, encontra-se um estado de coisas em que prevalecem as distinções. Tem-se, em outras palavras, (1) a indistinção pelo breu, (2) as distinções e (3) a indistinção pela luz, ou a poesia. Se a poesia é "a arte de alcançar de novo a indistinção", então a poesia não existia antes de se estabelecerem as distinções.

Tratar-se-á de um esquema filogenético, que diz respeito à evolução da humanidade, de um esquema sociogenético, que diz respeito à evolução de determinada sociedade, ou de um esquema psicogenético, que trata da evolução de cada indivíduo? Na poesia todas as interpretações são bem-vindas e, longe de se excluírem umas às outras, em geral se complementam de algum modo.

Mas em que consiste o tempo não mencionado, o tempo das distinções? A faculdade humana que, negando a identidade dada, separa e distingue as coisas umas das outras é o modo de exercício da razão crítica que aqui chamamos de "entendimento". Como diz Hegel, "a atividade da separação é a força e o trabalho do *entendimento*",[4] que "*determina* e mantém fixas as determinações".[5] Isso é feito tendo em vista, em primeiro lugar, finalidades práticas, ligadas à comunicação e ao conhecimento. É através das separações, distinções, determinações, definições e diferenciações estabelecidas pelo entendimento que conhecemos as propriedades das coisas, logo, as próprias coisas, pois, como diz Aristóteles, é a *diferença* específica da *ousía*, isto é — segundo a tradução clássica — da substância, que constitui a sua qualidade.[6] Na *Enciclopédia*, Hegel afirma que "o pensamento enquanto entendimento atém-se à determinidade fixa e ao seu caráter *diferencial* em relação a outras [determinidades]".[7]

Assim, separar as coisas, distingui-las, diferenciá-las etc. é o que permite classificá-las, categorizá-las, identificá-las, denominá--las, entre outros. É através dessas atividades que o entendimento produz a linguagem convencional. Esta, retroativamente, potencializa o entendimento. A linguagem tem muitos sentidos e muitas raízes, mas o primeiro é sem dúvida, como já foi dito, de natureza prática, instrumental. A linguagem nos permite não apenas comunicarmo-nos com os outros seres humanos, mas descrever, classificar, qualificar etc. diferentes coisas e pessoas, tendo em vista instrumentalizá-las para nossos próprios fins.

Para o entendimento, como diz Hegel,

> a existência imediata apresenta-se como um sistema de relações necessárias entre indivíduos e forças na aparência independentes, no qual cada elemento ou é utilizado como um meio ao serviço de fins que lhe são estranhos ou carece ele próprio do que lhe é exterior para o utilizar como meio.[8]

Estabelece-se assim uma apreensão instrumental do ser, em que cada coisa é considerada principalmente enquanto meio para outras coisas. De todo modo, é do entendimento e da linguagem produzida pelo entendimento que o ser humano se serve tendo em vista suas finalidades práticas.

O entendimento, através da lógica, da filosofia, da linguística, entre outros, tem também, desde o princípio dessas disciplinas, apontado as categorias e os conceitos mais genéricos que emprega. Assim, entre outras coisas, ele distingue, como se sabe, o universal e o particular, o sujeito e o objeto, o meio e o fim, a essência e a aparência, a forma e o conteúdo, significante e significado, passado, presente e futuro etc. Trata-se, com efeito, de oposições através das quais o ser humano já se orientava na linguagem e na vida prática, bem antes que a filosofia e a lógica as houvesse determinado.

Pois bem, voltando ao poema "Nosso mito", podemos dizer que era antes da produção da linguagem pelo entendimento que tudo se confundia na Grande Indistinção pelo breu. Em suma, as distinções estabelecidas pelo entendimento são condições para que possamos não apenas nos comunicar, mas também conhecer, utilizar e pensar sobre as coisas que há: para que possamos conhecê-las de modo a utilizá-las, e utilizá-las de modo a conhecê-las. Os próprios conceitos de conhecimento objetivo ou de objetividade do conhecimento, por exemplo, não seriam possíveis, caso a unidade do ser não houvesse sido cindida pelo entendimento em sujeito, por um lado, e objeto, por outro.

Ocorre, porém, que essa apreensão instrumental do ser não é a única concebível. Ao final do poema "Nosso mito", lê-se: "Poesia é a arte de alcançar de novo a indistinção./ De alcançar a indistinção pela luz,/ não pelo breu". Trata-se da apreensão estética do ser. Esta não *serve* para coisa nenhuma; não está a serviço de nenhuma finalidade extrínseca a ela. Ela vale por si. E tampouco o ser, enquanto esteticamente apreendido, *serve* para alguma coisa. Também ele vale por si. Trata-se, portanto, de uma apreensão não instrumental, que nem é realizada pelo entendimento, ou melhor, pelo entendimento apenas, nem é por ele orientada. Com efeito, o entendimento é apenas uma das diversas faculdades humanas que podem ser convocadas para a apreensão estética do ser. Além do entendimento e da razão, são capazes de entrar em jogo e, com efeito, de jogar livremente entre si, sem hierarquia ou regra predeterminada, também a imaginação, a sensibilidade, a sensualidade, a intuição, a memória, o humor etc.

Não ignoro que a palavra "estética" na expressão "apreensão estética do ser" é capaz de suscitar contra mim acusações de "esteticismo" ou formalismo, interpretados como as doutrinas segundo as quais, na arte, apenas a forma interessa. Seria um equívoco, exatamente porque, na arte, o conteúdo é forma e a forma, conteúdo. É por isso que não há uma faculdade especificamente estética, de modo que todas as faculdades são capazes de comparecer à apreciação de uma obra de arte. Quando se lê um poema, não se põe entre parênteses a política, por exemplo, tal como nela se manifesta. O que ocorre é que a política, não passando de um dos componentes através dos quais a obra é considerada, não é o único nem necessariamente o principal a determinar seu valor. A obra é mediatizada por todos os seus demais componentes, que, por sua vez, são por ela mediatizados. A apreensão estética do ser significa uma disponibilidade tal às manifestações do ser que as distinções utilitárias estabelecidas pelo entendimento, embora não sejam anuladas, deixam de ter a última — ou a única — palavra.

Evidentemente, porém, não seria possível alcançar tal estado de espírito através da simples renúncia à linguagem. Isso, caso fosse factível, não passaria de uma regressão ao "breu da Grande Indistinção". A poesia não pode nem simplesmente recusar a linguagem nem simplesmente submeter-se à linguagem prática ou cognitiva. Não lhe seria possível nem desejável apagar a luz do entendimento. O que ela pode fazer e efetivamente faz é usar a linguagem de um modo que, do ponto de vista convencional — cognitivo ou prático —, aparece como subversivo ou perverso.

Aqui nos lembramos da seguinte advertência de Wittgenstein: "Não esqueças que o poema, ainda que redigido na linguagem da comunicação, não é usado no jogo de linguagem da comunicação".[9] Com efeito, é outro o tipo de jogo em que o poema é, em primeiro lugar, produzido e, em segundo lugar, fruído. O Sócrates de Platão parece tê-lo observado bem, ao dizer considerar justo chamar de "poeta" "aquele que nada tem de mais valioso do que as coisas que compôs ou escreveu, passando o tempo a revirá-las de cima para baixo, colando palavras umas nas outras ou apagando-as".[10] No mesmo sentido, o poeta inglês W. H. Auden, que costumava perguntar aos jovens por que queriam escrever poesia, dizia que aquele que respondia ter coisas importantes a dizer não era poeta; poeta era o que respondia gostar de curtir as palavras, ouvindo o que elas tinham a dizer.[11]

"O poeta", como diz Sartre, "retirou-se de uma só vez da linguagem-instrumento; ele escolheu de uma vez por todas a atitude poética que considera as palavras como coisas e não como signos."[12] É importante lembrar que isso não significa, porém, como, aliás, o próprio Sartre observa em seguida, que, para o poeta, as palavras tenham perdido toda significação. Longe disso, são as palavras enquanto ao mesmo tempo significantes e significados que lhe aparecem como coisas.

Com a linguagem, o poeta produz poemas, isto é, objetos linguísticos cujo sentido primordial não é funcionarem como *meios* para o conhecimento e/ou a comunicação, mas serem fruídos como obras de arte, isto é, como *fins* em si. Assim, Hegel tem razão ao observar que, embora possa cumprir objetivos não poéticos, "a finalidade determinante e consequente da poesia é apenas o poético, e não o que, encontrando-se fora da poesia, possa ser alcançado ainda mais completamente por outros meios".[13]

Já mencionei o fato de que a palavra que os gregos da época de Homero usavam para designar o que chamamos de "poema", isto é, *epos*, era a mesma que usavam para dizer "palavra", "provérbio", "canção", "profecia", "oráculo". É que essas eram as coisas que, na cultura oral, podiam ser reiteradas, desde que memorizadas. Elas se opunham, por isso, ao que chamavam *mythos*, que era simplesmente a fala ou o discurso não reiterável. Ora, a reiterabilidade social ou institucionalmente garantida é o procedimento primordial através do qual uma ação — no caso em questão, um ato de fala — se transforma em objeto. É que a reiterabilidade torna a ação, de algum modo, (re)apresentável, em princípio, à experiência pública, e chamamos de *objeto* o que de algum modo é, em princípio, (re)apresentável à experiência pública. Em suma, já na cultura oral grega o poema — *epos* — constitui um objeto. Trata-se de um objeto que, como foi dito, tem seu fim em si próprio.

Isso não quer dizer que o poema não possa funcionar também como um meio para dar a conhecer determinadas coisas, mas sim que, num poema autêntico, essa função não passa de um dos elementos a partir dos quais se constitui e se aprecia a totalidade forma/conteúdo que compõe a obra de arte. Se a obra de arte fosse apenas um meio para dar a conhecer isto ou aquilo, ela poderia ser dispensada, uma vez que tivesse cumprido essa função. O capítulo do livro de matemática em que aprendemos a regra de três, por exemplo, não precisará mais ser lido, uma vez que a tenhamos aprendido. Já o poema que amamos, tendo seu fim em si mesmo, será novamente apreciado a cada vez que o lermos ou recordarmos, assim como uma peça musical que nos deleita será apreciada a cada vez que a escutarmos.

Leiamos, aliás, outro poema. Trata-se de "Nubes I", de Jorge Luis Borges:

No habrá una sola cosa que no sea
una nube. Lo son las catedrales
de vasta piedra y bíblicos cristales
que el tiempo allanará. Lo es la Odisea,
que cambia como el mar. Algo hay distinto
cada vez que la abrimos. El reflejo
de tu cara ya es otro en el espejo
y en el día es un dudoso laberinto.

Somos los que se van. La numerosa
nube que se deshace en el poniente
es nuestra imagen. Incesantemente
la rosa se convierte en otra rosa.
Eres nube, eres mar, eres olvido.
Eres también aquello que has perdido.[14]

As nuvens aqui são a imagem da indeterminação ou da indistinção. Não se trata, porém, da indistinção pelo breu, mas da segunda indistinção a que se refere o poema "Nosso mito", isto é, da indistinção pela luz. As coisas distintas — as catedrais, a vasta pedra, os bíblicos cristais, a *Odisseia*, o reflexo de tua cara, o dia, a rosa, o mar — incessantemente convertem-se em outras coisas, perdendo sua identidade, e, na nuvem do poema, revelam-se também como nuvens.

Podemos observar em "Nubes 1" como se refundem as oposições que orientam o pensamento intelectual. Assim, no que diz respeito à dicotomia universal/particular, observe-se o seguinte. O poema principia com a sentença: "*No habrá una sola cosa que no sea/ una nube*". De certo modo, não seria incorreto supor que se trata, aqui, de uma proposição universal a afirmar, metaforicamente, que "tudo muda" ou que "tudo se transforma em outra coisa". No entanto, essa metáfora já representa uma manifestação da interpenetração do universal e do particular, ao nos trazer ao fenômeno particular que é a nuvem. E a segunda sentença descreve realidades particulares — as catedrais — com poucos porém magníficos detalhes concretos: "*Lo son las catedrales/ de vasta piedra y bíblicos cristales/ que el tiempo allanará*".

A sentença seguinte fala da *Odisseia*, "*que cambia como el mar*". Voltaremos a isso adiante. A terceira diz: "*El reflejo/ de tu cara ya es otro en el espejo/ y en el día es un dudoso laberinto*". Aqui a particularidade da segunda pessoa do singular tanto pode referir-se efetivamente a um interlocutor do poeta quanto ao próprio poeta, falando de si na segunda pessoa, ou ainda a um universal, isto é, a qualquer um que se olhe no espelho.

Semelhante interpenetração do universal e do particular encontra-se até o fim do poema, por exemplo, na frase seguinte: *"Somos los que se van"*. Aqui, o sujeito de *"somos"* deve ser tomado como a humanidade ou mesmo o ser em geral, o que nos traz de volta ao universal. Contudo, ao contrário do que o faria a terceira pessoa do plural, a segunda parece particularizar o sujeito, incluindo o leitor, de modo muito mais, digamos, particular. Mais ainda o fazem os últimos dois versos, ao usar novamente a segunda pessoa do singular: *"Eres nube, eres mar, eres olvido./ Eres también aquello que has perdido"*.

No que diz respeito à dicotomia sujeito/objeto, esses mesmos exemplos mostram também a sua interpenetração. O poema está afirmando algo objetivo ou uma sensação subjetiva? Nele, as duas coisas não se separam. De todo modo, os dois últimos versos citados no parágrafo anterior tanto podem ser lidos como uma descrição "objetiva" da condição de, digamos, nebulosidade universal, quanto como uma celebração ou exaltação "subjetiva" dessa mesma condição.

Ademais, a apreciação mais completa e autêntica de um poema escrito se dá quando o lemos com nossa própria voz, de modo que nossa própria voz se confunda com a voz do poema. Trata-se de uma leitura, por assim dizer, "para dentro",[15] e não "para fora". O poeta Jacques Roubaud chama essa voz de "aural". Ao ler um poema dessa maneira, o tornamos nosso: fazemos nossas as suas palavras, no sentido de que pensamos com elas e em torno delas, como se fossem nossas. Desse modo, nossa subjetividade se confunde, em grande medida, com a objetividade da obra de arte que é o poema.

Também é evidente em "Nubes 1" a interpenetração do seu meio e do seu fim; afinal, o seu fim — isto é, a apreensão estética do ser — identifica-se com a própria leitura do poema, que seria o meio de chegar a ela. Do mesmo modo, a apreensão estética do ser, constituindo a essência do poema, identifica-se com a apreensão da sua aparência (o texto que lemos); e, constituindo o conteúdo do poema, identifica-se com sua forma (que não se reduz à sua forma fixa, mas inclui todos os seus componentes, isto é, fonemas, vocábulos, recursos paronomásticos, métrica, ritmo, melodia etc.).

Quanto à interpenetração de significante e significado, tomemos como exemplo a segunda frase do poema: "*Lo son las catedrales/ de vasta piedra y bíblicos cristales/ que el tiempo allanará*". A frase está, é claro, exemplificando a primeira afirmação, isto é, "*No habrá una sola cosa que no sea/ una nube*". Pois bem, na descrição das catedrais, a anteposição do adjetivo em "*de vasta piedra*" engrandece a descrição de um modo que "*de piedra vasta*" não o faria; e, quando a anteposição do adjetivo ocorre novamente em "*y bíblicos cristales*", o fato de que a palavra *bíblicos* seja proparoxítona torna ainda mais grandiosa a descrição das catedrais. Além disso, tanto a sonoridade icônica das aliterações das consoantes líquidas "l" e "r", quanto a rima entre *catedrales* e *cristales* tem o efeito de tornar mais solene toda a expressão "*Lo son las catedrales/ de vasta piedra y bíblicos cristales*".

Por sua vez, a frase que contém o verso "*de vasta piedra y bíblicos cristales*" termina — enjambement (cavalgamento) — no verso seguinte, isto é, *que el tiempo allanará*. Sendo simples e plana, essa frase contrasta, tanto em seu sentido quanto em sua sonoridade (esta ecoando aquele), com a grandiosidade do verso anterior, de modo que corresponde perfeitamente à ideia de que mesmo as coisas mais grandiosas serão reduzidas a nuvens.

Finalmente, também as dimensões temporais adquirem outro sentido no poema. Em "Nubes 1", o tempo é exatamente o que *allanará*, isto é, aplanará ou igualará as diferenças, inclusive as temporais.

Tudo somado, "Nubes 1" é um excelente exemplo do que Hegel chama de "obra de arte verdadeiramente poética" que, segundo ele,

> é um organismo intrinsecamente infinito: rico em conteúdo que se desdobra na manifestação correspondente; unitário, não de uma forma e com uma finalidade que subordine abstratamente o particular, porém em que a mesma autonomia viva se preserve no particular que no todo, encerrado em si próprio, sem aparente intenção, num círculo perfeito; repleto do material da realidade, porém sem relação de dependência, nem no que diz respeito a esse conteúdo e sua existência, nem a qualquer esfera da vida, mas criando-se livremente a partir de si próprio, de modo a levar ao conceito das coisas sua aparência autêntica e harmonizar o existente externo com seu ser mais íntimo.[16]

Mas volto a um ponto anterior de "Nubes 1". Lê-se nesse poema que a *Odisseia*, um dos poemas fundadores da poesia ocidental, *"cambia como el mar. Algo hay distinto/ cada vez que la abrimos"*. Em primeiro lugar, já que a *Odisseia*, como todo verdadeiro poema, vale por si, então a nossa apreciação é renovada a cada vez que a lemos. Além disso, a própria leitura comme il faut da *Odisseia* já solicita de nós certa disponibilidade para a apreensão estética do ser.

Na verdade, eram mais propícias as condições para a fruição imediata da *Odisseia* quando, na cultura oral da Grécia de Homero, ela não era lida, mas escutada. O poeta era um cantor, ou aedo. Na *Odisseia*, Homero mostra que era em ocasiões festivas, em meio a comes e bebes, que o poeta, acompanhado ao menos de sua lira, mas, às vezes, também de outros músicos e até de dançarinos,[17] apresentava-se, para o deleite dos ouvintes. "Uma pessoa que assiste a um aedo que aprendeu com os deuses a cantar *êpea*", diz um personagem da *Odisseia*, "quer ouvi-lo para sempre, quando quer que cante."[18] É evidente que a festa e a música, bem como o carisma do aedo, ajudavam os ouvintes a entrar no clima de receptividade em que se deixavam arrebatar pela poesia.

Já a apreciação da poesia escrita exige um esforço muito maior. Em primeiro lugar, naturalmente, ela não pode ser empreendida senão por quem é alfabetizado. Em segundo lugar, se qualquer leitura já requer algum esforço e empenho do leitor, muito mais isso é verdade no que diz respeito à leitura de poesia. Não se lê um poema como normalmente se lê um romance, uma notícia de jornal, um e-mail ou uma bula de remédio. Para ser apreciado, o poema exige não apenas concentração, mas uma espécie de imersão do leitor. Devemos nos deixar levar ao estado em que, tendo sido posta entre parênteses a apreensão instrumental, abre-se a apreensão estética do ser. Nem todo mundo consegue realizar isso.

Essas considerações nos trazem a outro poema. Trata-se de "Falar", de Ferreira Gullar.

> *A poesia é, de fato, o fruto*
> *de um silêncio que sou eu, sois vós,*
> *por isso tenho que baixar a voz*
> *porque, se falo alto, não me escuto.*
>
> *A poesia é, na verdade, uma*
> *fala ao revés da fala,*
> *como um silêncio que o poeta exuma*

do pó, a voz que jaz embaixo
do falar e no falar se cala.
Por isso o poeta tem que falar baixo
baixo quase sem fala em suma
mesmo que não se ouça coisa alguma.[19]

Embora o título do poema seja "Falar", seu tema é a poesia que, segundo o próprio poema, "é, de fato, o fruto/ de um silêncio que sou eu, sois vós". O silêncio é o ser do poeta e de seus ouvintes reais e virtuais. A poesia é o resultado da escuta desse silêncio. Para que ela se dê, o poeta diz: "tenho que baixar a voz/ porque, se falo alto, não me escuto". Para escutar o silêncio do ser, o poeta tem que abandonar a fala alta, o falar da linguagem cotidiana, e baixar a voz até o ser.

Na estrofe seguinte, ele diz que "A poesia é, na verdade, uma/ fala ao revés da fala". Anteriormente observamos que a poesia usa a linguagem de um modo que, do ponto de vista convencional e cotidiano, aparece como subversivo ou perverso. É que a linguagem convencional e cotidiana, sendo a linguagem do entendimento — a "prosa do mundo" —, não é capaz de apreender o ser enquanto tal, independentemente de lhe atribuir qualquer função instrumental. Ora, tal apreensão — estética — do ser é a que a poesia faculta ao seu leitor.

Prossigamos. A "fala ao revés da fala" é "como um silêncio que o poeta exuma/ do pó". O pó representa o elemento material ínfimo a que se reduz ou em que desaparece o ser humano. Não há como não lembrar, aqui, que, em Gênesis 3,19, lê-se que o Deus do Antigo Testamento diz a Adão: "Pó és e ao pó voltarás".[20] No poema "Falar", o pó lembra tanto a indistinção de que fala o poema "Nosso mito" quanto as nuvens de que fala "Nubes 1". Pois bem, dessa indistinção anterior e posterior às distinções o poeta exuma um silêncio que é "a voz que jaz embaixo/ do falar e no falar se cala". A voz da poesia encontra-se embaixo do falar porque a apreensão estética é mais profunda do que a apreensão instrumental do ser, que é a do *falar*. Quando este se dá, ela se cala, pois não é por ele alcançada.

Finalmente, o poema diz: "Por isso o poeta tem que falar baixo/ baixo quase sem fala em suma/ mesmo que não se ouça coisa alguma". Os primeiros dois versos que acabo de citar retomam e põem "em suma" tudo o que acaba de ser dito sobre a poesia ser praticamente um silêncio, em relação à linguagem cotidiana, que ela perverte ou "reverte". O último, porém, diz algo mais, isto é, diz que o poeta tem que falar baixo "mesmo que não se ouça coisa alguma".

É possível que não se ouça coisa alguma porque a dificuldade da apreciação da leitura da poesia parece ter se agravado consideravelmente no mundo contemporâneo. Sob o domínio quase absoluto da apreensão instrumental do ser, cada coisa é considerada sobretudo enquanto meio para outra coisa que, por sua vez, também funciona como meio para ainda outra coisa, *ad infinitum*.

Nessas circunstâncias, não admira que o dinheiro — o meio por excelência, pois é o meio dos meios — seja o que há de mais importante. O que seria apenas um meio torna-se o verdadeiro fim. Ora, em um mundo assim, em que, para o senso comum, "tempo é dinheiro", parece irracional que se faça um investimento de tempo sem nenhuma garantia de que se venha a obter, num prazo determinado, qualquer compensação ou retorno. Consequentemente, poucos se permitem *mergulhar* no poema, isto é, pensar nele, com ele, através dele, pondo à disposição dele, pelo tempo que se faça necessário, o livre jogo de todas as faculdades que esse pensamento integral requeira.

Longe disso, é cada vez mais comum que se considere meras frivolidades ou "frescuras" os artifícios poéticos, como a rítmica e a paronomásia. Ao mesmo tempo, percebe-se a interpenetração dos opostos (o universal e o particular, o sujeito e o objeto, o meio e o fim, a essência e a aparência, o significante e o significado, o passado, o presente e o futuro etc.) como injustificável confusão pueril. Ora, é evidente que quem pensa assim não ouve "coisa alguma" da "fala ao revés da fala" do poema.

Consequentemente, muitos supõem que a poesia escrita para ser lida seja hoje algo anacrônico: que ela está superada. Falo da poesia "escrita para ser lida" porque não se passa o mesmo com toda poesia. Outra é a situação da poesia escrita para ser ouvida, isto é, da letra de música, que desfruta de grande popularidade.

Na verdade, os gêneros artísticos que aparentemente não requerem grande concentração ou dispêndio de tempo continuam sendo valorizados. Assim é, por exemplo, a música tonal. Afinal, sem fazer o menor esforço, praticamente qualquer um é capaz de se deleitar com uma peça musical tradicional. Mesmo quando estamos a trabalhar, é possível prezá-la como "música ambiente". Podemos também apreciar a beleza de uma pintura, mesmo quando a vemos apenas en passant. O mesmo vale para esculturas ou obras arquitetônicas tradicionais. Naturalmente, isso não significa que não possamos mergulhar nelas, caso sejam obras de arte autênticas. Significa apenas que é possível gostar delas, mesmo sem esse mergulho: mesmo, isto é, que elas não nos abram uma apreensão alternativa do ser.

Já a poesia escrita para ser lida quase nunca pode ser fruída desse modo, exceto por quem já tenha previamente mergulhado nela. Para fruir um poema, é preciso nele imergir. E como tal imersão não combina com a temporalidade acelerada do presente, muitos afirmam que a poesia simplesmente não tem mais lugar neste mundo.

Pois bem, é exatamente por não se ajustar à temporalidade acelerada do presente que a poesia é necessária hoje. Afinal, a temporalidade acelerada corresponde à apreensão instrumental do ser. Assim, é bom que a poesia, longe de se ajustar a ela, relativize-a, uma vez que nos dá acesso a esse outro modo de apreensão do ser e do tempo — o estético — que enriquece imensamente a vida humana. E é por essa razão que "o poeta tem que falar baixo/ baixo quase sem fala em suma/ mesmo que não se ouça coisa alguma".

Poesia e preguiça*

"Persistimos em crer", afirma T.S. Eliot em seu famoso ensaio sobre a tradição e o talento individual, "que um poeta deve estudar tanto quanto não prejudique sua necessária receptividade e necessária preguiça."[1] Desse modo, um dos poetas mais celebrados e eruditos do século XX reconhece que a receptividade e a preguiça não são, para o poeta, propriedades menos importantes do que a erudição. Com efeito, o romancista e poeta inglês Lawrence Durrell conta ter ouvido de Eliot que "um poeta deve ser deliberadamente preguiçoso. Deve escrever o mínimo".[2]

Normalmente considera-se a poesia uma espécie de arte. Goethe — com certa razão até do ponto de vista etimológico — diz que, ao contrário do que se pensa, poeta é gênero, artista é espécie; logo, a poesia é o gênero, e as artes, espécies de poesia. Dito isso, lembro que também o pintor suprematista Malevich

---

* Texto originalmente publicado em Adauto Novaes (Org.), *Mutações: Elogio à preguiça*. São Paulo: Edições Sesc, 2012; e depois em Antonio Cicero, *A poesia e a crítica*. São Paulo: Companhia das Letras, 2017.

escreveu, num texto intitulado "A preguiça: A verdade real da humanidade", que não há arte sem preguiça.

O senso comum considera a preguiça um vício. Uma pessoa que, apesar de não ser rica, não trabalhe, é tachada de preguiçosa. Bertrand Russell, em seu esplêndido *O elogio ao ócio*, afirma que foram os ricos, em particular a aristocracia, que incutiram esse preconceito nas demais classes sociais. "A necessidade de manter os pobres contentes", explica ele, "levou os ricos, durante milhares de anos, a pregar a dignidade do trabalho, enquanto cuidavam de se manter indignos nesse particular." E Russell, ele próprio de família aristocrática, rememora: "Quando eu era criança, me lembro de ouvir uma velha duquesa dizer: 'De que servem os feriados para os pobres? O dever deles é trabalhar'".[3]

Assim também o jornalista e escritor satírico norte-americano Ambrose Bierce, em seu *Dicionário do Diabo*, define a preguiça como "suspensão de atividade injustificável em pessoa de baixa extração".[4] O mesmo aristocratismo leva Nietzsche, em seu *Além do bem e do mal*, a afirmar que "para as raças laboriosas é um grande fardo suportar o ócio: um golpe de mestre do instinto inglês foi tornar o domingo tão sagrado e tedioso que, sem se dar conta, o cidadão inglês anseia novamente pelos dias de trabalho da semana [...]".[5]

Seja como for, a maior parte dos poetas tendo sido, desde sempre, composta de pessoas que não são materialmente ricas, não é de admirar que o senso comum estranhe sua preguiça. Já na Roma antiga, o poeta Ovídio, por exemplo, conta que seu pai lhe dizia: "Por que insistes numa ocupação inútil? Nem mesmo Homero fez fortuna".[6] E, no século XIX, Baudelaire confessa a seus *Diários íntimos*: "Foi pelo lazer que, em parte, cresci. Com grande prejuízo, pois o lazer, sem fortuna, aumenta as dívidas, as humilhações resultantes das dívidas. Mas com grande lucro, relativamente à sensibilidade, à meditação e à faculdade do dandismo e do diletantismo".[7]

Creio que, mutatis mutandis, aplica-se aos poetas e à poesia o que Teles, o filósofo grego do século III, da escola cínica, disse dos filósofos e da filosofia, ao ouvir alguém afirmar que "a pobreza atrapalha o filosofar, e a riqueza ajuda":

> Não é verdade. Quantos pensas terem sido impedidos de ter ócio por prosperidade e quantos por carência? Ou não vês que em geral os mais pobres filosofam, os ricos pela própria natureza ficam em falta completa de ócio? [...] Como podes pensar que haja tantos impedidos de filosofar pela penúria como pela riqueza? Não vês que pela carência se fortalece a paciência, pela riqueza o oposto? Penso que quando quer que seja possível ao homem conseguir facilmente o que deseja, já não se dispõe ele a procurar a verdade, mas, tendo sua riqueza a ajudar sua baixeza, ele não se furta a nenhum prazer. E além disso não vês que os ricos, fazendo mais coisas, são impedidos de ter lazer, e os pobres, sem ter o que fazer, começam a filosofar?[8]

Observe-se que, segundo Teles, os ricos, em geral, não têm lazer para filosofar ou para fazer poesia porque, embora não trabalhem, "fazem mais coisas". É que o lazer dos ricos é, em geral, ocupado por inúmeras atividades, inúmeros e variados programas: ou seja, é um lazer programado. Isso me faz conjecturar que a organização do lazer, que o filósofo Theodor Adorno denuncia como característica do capitalismo tardio, já existia, de algum modo, na Antiguidade.[9] No entanto, Adorno tem razão ao afirmar que "a dicotomia tradicional de trabalho e lazer tende a se tornar cada vez mais reduzida, e as 'atividades de lazer' socialmente controladas tomam cada vez mais do tempo livre do indivíduo".[10] E hoje isso não acontece apenas com os ricos. Lembro que o lazer programado inclui não apenas a já mencionada hiperatividade dos ricos, a que já aludia Teles, mas também, por exemplo, a hiperpassividade do telespectador compulsivo.

O fato é que, paradoxalmente, a revolução cibernética diminuiu ainda mais o tempo livre. Com a internet, os computadores, os celulares, os tablets etc., nossa época dispõe de uma tecnologia que, além de ter o sentido manifesto de acelerar tanto a comunicação entre as pessoas como os processos de aquisição, processamento e produção de informação, permite a automatização de grande parte das tarefas produtivas e administrativas. Seria, portanto, de esperar que, podendo fazer mais rapidamente o que fazíamos outrora, tivéssemos hoje à nossa disposição mais tempo livre. Ora, ocorre exatamente o oposto: quase todo mundo se queixa de não ter mais tempo para nada. Efetivamente, o tempo livre parece ter encolhido muito.

A verdade é que não temos mais tempo livre porque praticamente todo o nosso tempo está preso. Preso a quê? Ao princípio do trabalho, ou melhor, do desempenho, inclusive nos joguinhos eletrônicos que alguns supõem substituir o que consideram "velharias" como a poesia. Não estamos livres nunca porque nos encontramos numa cadeia utilitária em que o sentido de cada coisa e pessoa que se encontra no mundo, o sentido inclusive de cada um de nós mesmos, é ser instrumental para outras coisas ou pessoas. Nada e ninguém jamais vale por si, mas apenas como meio para outra coisa ou pessoa que, por sua vez, também funciona como meio para ainda outra coisa ou pessoa, e assim *ad infinitum*. Pode-se dizer que participamos de uma espécie de linha de montagem em moto-contínuo e vicioso, na qual se enquadram as próprias atividades de lazer que nos apresentam como diversões.

Isso nos leva a pensar um pouco mais sobre a preguiça que Eliot tem em mente. É que este fala da "necessária preguiça"

— *necessary laziness* — do poeta na mesma sentença em que fala de sua "necessária *receptividade*". Para Eliot, portanto, a preguiça receptiva ou a receptividade preguiçosa constituem uma condição necessária da produção poética.

A melhor descrição que conheço desse estado a que se refere Eliot é dada pelo poeta Paul Valéry, que, aliás, era também um autor admirado pelo próprio Eliot. Refiro-me ao trecho do ensaio intitulado "Le Bilan de l'intelligence", em que Valéry fala sobre

> aquela paz essencial nas profundezas do nosso ser, aquela ausência sem preço durante a qual os elementos mais delicados da vida se renovam e se reconfortam, durante a qual o ser, de algum modo, se lava do passado e do futuro, da consciência presente, das obrigações pendentes e das expectativas à espreita. [...] Nenhuma preocupação, nenhum amanhã, nenhuma pressão interior; mas uma espécie de repouso na ausência, uma vacuidade benéfica que devolve ao espírito sua liberdade própria. Ele então se ocupa somente consigo mesmo. Livre de suas obrigações para com o conhecimento prático e desonerado da preocupação com as coisas próximas, ele pode produzir formações puras como cristais.[11]

A preguiça receptiva ou receptividade preguiçosa de que fala Eliot parece-me corresponder a esse estado, descrito por Valéry, de "vacuidade benéfica que devolve ao espírito sua liberdade própria", de modo que ele possa se ocupar somente consigo mesmo. É sem dúvida por conhecer tal estado que Sêneca afirmava que o amor pelas letras tornava-o preguiçoso (*pigrum*) e negligente para com o corpo.[12]

Devo dizer que isso me remete, de fato, à minha experiência pessoal. Se eu quiser escrever, por exemplo, um artigo, um ensaio, uma carta, basta que me aplique a desenvolver e explicar determinadas ideias. Desde que eu *trabalhe* e não desanime, o texto ficará pronto, mais cedo ou mais tarde.

Não é assim com a poesia. A poesia é ciumenta e não aparece a menos que eu ponha à sua disposição todo o meu espírito e mesmo meu corpo, sem garantia alguma de que, ainda assim, eu consiga escrever um poema. É até possível que escreva uma sequência de versos; mas, embora quase todos os poemas sejam compostos de sequências de versos, a recíproca não é verdadeira, de modo que pouquíssimas sequências de versos chegam a constituir poemas de verdade. Não me basta *trabalhar* para que nasça um poema. Paradoxalmente, é preciso também, para que nasça um poema, o que se toma como o oposto do trabalho: a preguiça receptiva ou a receptividade preguiçosa. É por isso que até mesmo um poeta que normalmente exalta o "trabalho" do poeta (em oposição à inspiração), como João Cabral de Melo Neto, foi capaz de escrever, numa carta ao poeta Manuel Bandeira: "Ando com muita preguiça e lentidão trabalhando num poema sobre o nosso Capibaribe".[13]

Podemos entender como a preguiça do poeta corresponde à liberação de passado, de futuro e da consciência presente, de que fala Valéry, se a tomarmos como a recusa daquilo que Henri Bergson denominava "tempo espacializado", que é, por exemplo, o tempo do trabalho convencional.

Nesse contexto, vale a pena citar o poema apropriadamente intitulado "Poética", de Vinicius de Moraes, pois ele subverte os esquemas do trabalho não apenas implicitamente, como, de um modo ou de outro, toda poesia, mas explicitamente:

De manhã escureço
De dia tardo
De tarde anoiteço
De noite ardo.

A oeste a morte
Contra quem vivo
Do sul cativo
O este é meu norte.

Outros que contem
Passo por passo:
Eu morro ontem

Nasço amanhã
Ando onde há espaço:
— Meu tempo é quando.[14]

Dito isso, vou citar, para acompanhar o poema do Vinicius, uma deliciosa declaração que o pintor japonês do século XIX Hokusai fez quando completou 75 anos:

Desde seis anos, tenho mania de desenhar a forma das coisas. Aos cinquenta anos, eu tinha publicado uma infinidade de desenhos, mas nada do que fiz antes dos setenta anos vale a pena. Foi aos 73 que compreendi mais ou menos a estrutura da verdadeira natureza dos animais, das árvores, das plantas, dos pássaros, dos peixes e dos insetos.

Consequentemente, quando eu tiver oitenta anos, terei progredido ainda mais; aos noventa, penetrarei no mistério das coisas. Com cem anos, serei um artista maravilhoso. E, quando eu tiver 110, tudo o que eu criar: um ponto, uma linha, tudo será vivo.

Peço aos que viverem tanto quanto eu que vejam como cumpro minha palavra.[15]

Voltando à preguiça: evidentemente, ela não significa que o poeta não faça coisa alguma. Afinal, a palavra "poesia", como se sabe, deriva de *poi/hsij*, que quer dizer "feitura" ou "produção", e "poeta" vem de *poihth/j*, que quer dizer "aquele que faz ou produz".

A ênfase na preguiça significa simplesmente que a gestação do poema tem um sentido completamente diferente do que tem o trabalho utilitário cotidiano. Confundindo-se com contemplação, com jogo, com brincadeira ou com a própria vida do poeta, ela é muitas vezes invisível para quem a observa de fora. E, como eu já disse, ela tanto pode resultar num poema como em nada.

Isso me lembra que o poeta inglês W. H. Auden dizia, com razão, que

> aos olhos dos outros, um homem é um poeta se escreveu um bom poema. A seus próprios, só é poeta no momento em que faz a última revisão de um novo poema. Um momento antes, era apenas um poeta em potencial, um momento depois, é um homem que parou de escrever poesia, talvez para sempre.[16]

Na vida utilitária, usamos nossa razão e, em particular, a razão crítica para conhecer e para controlar o mundo que nos cerca, de modo a fazê-lo satisfazer nossas necessidades ou caprichos. A palavra "crítica", não nos esqueçamos, vem da grega *kritikh*, cognata do verbo *krinein*, isto é, "separar", "distinguir", "decidir" etc. Criticar é separar ou distinguir.

Já que dar nomes às coisas, defini-las, classificá-las etc. são modos de distingui-las umas das outras, essas atividades são manifestações da crítica. Assim, a razão crítica constitui uma condição da própria linguagem, que, por sua vez, a potencializa. O pensamento teórico, por exemplo, distingue os conceitos de meio e fim, sujeito e objeto, substância e propriedades, matéria e forma, significado e significante, corpo e espírito etc.

A razão crítica efetua na prática semelhantes distinções, antes mesmo de tematizá-las ou de nomeá-las teoricamente. Elas são condições para que possamos conhecer e utilizar as coisas que existem: para que possamos conhecê-las de modo a utilizá-las, e utilizá-las de modo a conhecê-las. Os próprios conceitos de conhecimento objetivo ou de objetividade do conhecimento, por exemplo, não seriam possíveis caso a unidade do ser não houvesse sido cindida pela razão crítica em sujeito, por um lado, e objeto, por outro.

Mas a apreensão utilitária e instrumental do ser, embora absolutamente necessária, não é a única possível. É também possível uma apreensão estética do ser: uma disponibilidade tal às suas manifestações que as distinções utilitárias, instrumentais, estabelecidas pela razão crítica deixam, momentaneamente, de ter a última palavra. Trata-se de aceitar o "ser, mais nada, sem qualquer determinação ou preenchimento ulterior".[17] As palavras que acabo de citar provêm do início do primeiro livro da trilogia *Ciência da lógica*, de Hegel, intitulado *A doutrina do ser*, no qual ele se pergunta como deve principiar a ciência. Adorno usa essas mesmas palavras, sem mencionar Hegel, num trecho de *Minima moralia* denominado "Sur l'Eau" [Sobre a água], título do diário de Maupassant de abril de 1888, cujas primeiras palavras fazem uma advertência:

> Este diário não contém nenhuma história e nenhuma aventura interessante. Tendo feito, na última primavera, um pequeno cruzeiro pelas costas do Mediterrâneo, diverti-me escrevendo, cada dia, o que vi e o que pensei.
>
> Em suma, vi água, sol, nuvens e rochas — não posso relatar outra coisa — e pensei simplesmente, como se pensa quando a vaga nos embala, nos entorpece e nos carrega.[18]

Eis a articulação entre a apreensão estética do ser e a preguiça. Ela se manifesta também no trecho mencionado de *Minima moralia*:

> *Rien faire comme une bête* [nada fazer como um bicho], deitar na água e calmamente olhar para o céu, "ser, nada mais, sem qualquer determinação ou realização ulterior" poderiam tomar o lugar de processo, ato, realização, e assim verdadeiramente cumprir a promessa da lógica dialética de desembocar em sua origem. Nenhum dos conceitos abstratos chega mais perto da utopia realizada do que o da paz eterna.[19]

A verdade, porém, é que a lógica — dialética ou não — jamais poderia desembocar no ser "sem qualquer determinação ou realização ulterior" porque, consistindo, como já foi dito, numa manifestação da razão crítica, sua função primordial — na Ciência da lógica de Hegel, não menos que no *Organon* de Aristóteles — é exatamente cindir, isto é, determinar esse ser absolutamente indeterminado.

Não é, portanto, à lógica, e sim à poesia que cabe alcançar essa apreensão do ser que chamamos, de acordo com a tradição, mais que com a etimologia, de "estética". Mas a poesia não poderia alcançar essa apreensão através da simples renúncia à linguagem. Isso, caso fosse possível, não passaria de uma regressão ao inarticulado. A poesia não pode nem simplesmente recusar a linguagem nem simplesmente submeter-se à linguagem prática ou cognitiva. Não lhe seria possível nem desejável apagar a luz da razão crítica.

O que a poesia pode fazer e efetivamente faz é usar a linguagem de um modo que, do ponto de vista da linguagem prática ou cognitiva, aparece como *perverso*, pois se recusa, por exemplo, a aceitar a discernibilidade entre significante e significado, que constitui uma condição necessária para usar as palavras como signos e as toma como coisas concretas.

Separar, por um lado, o que um texto diz, isto é, seu significado, e, por outro, o seu modo de dizê-lo, isto é, seu significante, é abstrair o significado do significante. Quando conto a alguém, em minhas próprias palavras, uma notícia que li no jornal, ou quando faço uma paráfrase de um ensaio de filosofia, ou quando traduzo a bula de um remédio, estou abstraindo dos textos, que são os significantes originais, os seus significados. Num poema de verdade, semelhante abstração não pode ser feita sem trair tanto a totalidade significante-significado do poema como o próprio significado abstraído. Isso significa que o verdadeiro poema é sempre essencialmente concreto no sentido de consistir numa síntese indecomponível de determinações semânticas, sintáticas, morfológicas, fonológicas, rítmicas etc. Observo que "concreto" nesse contexto não significa "concretista". O poeta Haroldo de Campos, aliás, afirmou que a experiência concretista, "como experiência de limites", longe de clausurá-lo ou enclausurá-lo, ensinou-lhe

> a ver o concreto na poesia; a transcender o "ismo" particularizante, para encarar a poesia, transtemporalmente, como um processo global e aberto de concreção sígnica, atualizado de modo sempre diferente nas várias épocas da história literária e nas várias ocasiões materializáveis da linguagem (das linguagens). Safo e Bashô, Dante e Camões, Sá de Miranda e Fernando Pessoa, Hölderlin e Celan, Góngora e Mallarmé são, para mim, nessa acepção fundamental, poetas concretos (o "ismo" aqui não faz sentido).[20]

Sendo assim, o poema é análogo a outras obras de arte. Tomemos como exemplo de obra de arte um dos quadros em que Rembrandt retrata um velho. O velho é um dos elementos da pintura. Não podemos mais saber se o retrato lhe é fiel; não sabemos sequer se esse velho realmente existiu.

Tudo somado, o que realmente conta é o que Rembrandt faz no processo de produção do retrato, no seu embate e jogo com a matéria da pintura. É então que surgem, para o pintor, novas ideias e ambições, assim como novos problemas concretos. A cada passo, o pintor é solicitado pela própria pintura a desenvolver novas soluções pictóricas, em função tanto das necessidades de cada situação imprevista como das oportunidades que antes não existiam. Essas soluções não são apenas o produto das ideias que já se encontram prontas, "escritas na alma" do pintor, mas da combinação de todas as faculdades do artista, além de técnica, inspiração, experiência etc.

Quando a obra fica pronta, o jogo dessas mesmas faculdades será a fonte do prazer estético de quem a contemplar. A medida na qual a obra provocar esse jogo será a medida do seu valor estético. Desse modo, esse jogo produzirá um pensamento que não é puramente intelectual, mas que se dá também através de cores, luzes, sombras, linhas, planos, volumes etc. Todas essas coisas brincarão umas com as outras no espírito de quem apreciar tal pintura. No final, o quadro não é apenas sobre o velho, embora o velho faça parte de tudo o que o quadro é.

No fundo, o tema do quadro é apenas um dos seus elementos. O quadro é aquilo sobre o qual nós, que o apreciamos, pensaremos e falaremos. Pois bem, assim são os poemas: objetos de palavras, com todos os seus sentidos, seus referentes, seus sons, seus ritmos, suas sugestões, seus ecos.

Consideremos, como exemplo, o poema "O rio", de Manuel Bandeira:

Ser como o rio que deflui
Silencioso dentro da noite.
Não temer as trevas da noite.

Se há estrelas nos céus, refleti-las.
E se os céus se pejam de nuvens,
Como o rio as nuvens são água,
Refleti-las também sem mágoa
Nas profundidades tranquilas.[21]

Desde o título, "O rio", torna-se inevitável pensar no famoso rio do filósofo grego Heráclito, em que não é possível pisar duas vezes. O primeiro verso reforça essa impressão: "Ser como o rio...". Mas a sentença de Heráclito — à parte certas interpretações *recherchées* — enfatiza o mobilismo universal, o fato de que coisa alguma jamais permanece a mesma. O rio de Bandeira, ao contrário, é em primeiro lugar a própria imagem da constância e até de certo estoicismo: "Ser como o rio que deflui/ Silencioso dentro da noite./ Não temer as trevas da noite".

O rio a defluir silenciosamente dentro da noite não teme as trevas da noite porque ele é também o rio da noite, isto é, a noite enquanto rio. O infinitivo aqui é implicitamente desiderativo: ele manifesta um desejo. Mas quem é que aqui deseja? Talvez se possa dizer que aquele que deseja é o poeta, ou talvez o "eu" lírico, ou o heterônimo, ou o personagem em que o poeta se transforma para escrever o poema, ou o próprio leitor; mas o infinitivo excede qualquer subjetividade, qualquer "eu". A rigor, não interessa quem deseja, mas apenas o próprio desejo, que se identifica com o ser. Feito um fenômeno da natureza, feito o próprio rio silencioso dentro da noite e feito a própria noite, o desejo, o ser, os versos do poema e o próprio poema estão lá, no infinitivo, silenciosos como o rio e como a noite. Fundem-se no poema o leitor, o poeta, a noite, o rio, as estrelas.

Se há estrelas nos céus, o poema as tem na superfície. Se há nuvens que o impedem de refletir as estrelas, aquelas são refletidas na profundidade do seu ser, pois as nuvens são feitas da mesma água que ele. A própria rima de "tranquilas", que se refere às profundidades, com "refleti-las", que se refere às nuvens, demonstra o reflexo desta naquela.

Quando um poema é contemplado assim como acabamos de contemplar "O rio", ele é fruído como uma obra de arte, isto é, como uma coisa — uma coisa feita de palavras — e não como uma proposição ou uma série de proposições. O fato de que ele não seja proposicional não significa que não nos faça pensar muita coisa, como acabamos de ver.

Um poema de Juan Ramón Jiménez diz:

Te deshojé, como una rosa,
para verte tu alma.
y no la vi.
Mas todo en torno
— horizontes de tierras y de mares —,
todo, hasta el infinito,
se colmó de una esencia
inmensa y viva.[22]

Penso que, ao "desfolhar", por assim dizer, um grande poema, isto é, ao lê-lo como ele deve ser lido, jamais chegamos a encontrar uma proposição que nos dê a sua essência ou "alma"; no entanto, tudo se inunda de uma essência imensa e viva.

Exatamente porque recusam as distinções e categorias da razão crítica, a importância e o papel que cada uma das determinações de um poema possui jamais são dadas a priori. Pela mesma razão, por exemplo, enquanto contradições, ambiguidades, falácias etc. constituem defeitos em textos teóricos, elas podem perfeitamente representar elementos expressivos num poema. É o caso, para ilustrar, do seguinte poema de Catulo:

Odi et amo: quare id faciam, fortasse requiris.
Nescio, sed fieri sentio et excrucior[23]

Composto de oito verbos e nenhum substantivo ou adjetivo, esse dístico tem sido merecidamente elogiado pela sua compressão e força. É por semelhantes procedimentos que, na poesia, as figuras de linguagem têm a função de anular as distinções utilitárias, em proveito da apreensão estética.

Sendo produto do trabalho e da preguiça — do trabalho--preguiça — do poeta, não há tempo de trabalho normal para a feitura de um poema, como há, em geral, para a produção de uma mercadoria. Bandeira conta, por exemplo, que demorou mais de vinte anos para terminar o seu poema "Vou-me embora pra Pasárgada".[24]

O poeta Baudelaire emprega a expressão *féconde paresse* numa estrofe do poema "La Chevelure", de *Les Fleurs du mal*:[25]

Je plongerai ma tête amoureuse d'ivresse
Dans ce noir océan où l'autre est enfermé;
Et mon esprit subtil que le roulis caresse
Saura vous retrouver, ô féconde paresse[26]

Aqui, uma das rimas de *paresse* ("preguiça") é *ivresse* ("embriaguez"). O poeta fala da embriaguez que lhe provoca uma cabeleira aromática de mulher e na estrofe citada diz, entre outras coisas, querer mergulhar "nesse doce oceano em que se encerra o outro". Um verso que termina em *caresse* ("carícia"), que é outra rima para *paresse*, fala da carícia que *em seu espírito sutil* faz o balanço das vagas. Isso lembra que, numa estrofe anterior, ele havia dito que "*Comme d'autres esprits voguent sur la musique,/ Le mien, ô mon amour! nage sur ton parfam*" [Como outros espíritos vogam sobre a música,/ O meu, ó meu amor! nada em teu perfume].

Desse modo, a preguiça, a carícia e a embriaguez — *paresse, caresse, ivresse* —, a que o poeta se entrega, abolem as fronteiras entre o espírito e a matéria, a atividade e a passividade, o sujeito e o objeto.

Sem dúvida, Baudelaire tem em mente o estado em que os objetos exteriores "entram no teu ser, ou então tu entras neles".[27] Em outras palavras, o sujeito se confunde com os objetos. "Eis aqui", diz ele, "uma árvore mugindo ao vento e relatando à natureza melodias vegetais. Agora você plaina no azul do céu imensamente ampliado."[28] E adiante: "As águas correntes, os esguichos de água, as cascatas harmoniosas, a imensidão azul do mar rolam, dormem, cantam no fundo do seu espírito".[29] Aqui não podemos deixar de nos lembrar tanto do "Sur l'Eau", de Maupassant, como da sua apropriação por Adorno, que citamos antes.

Contudo, esse estado em que o próprio tempo é capaz de desaparecer completamente não é, segundo Baudelaire, comum a todas as pessoas que fumam haxixe, mas apenas aos "espíritos artísticos e filosóficos".[30] Com efeito, ele afirma que a impessoalidade e o "objetivismo" que descreveu não passam do desenvolvimento excessivo do espírito poético.[31]

Evidentemente, o que Baudelaire chama nesse texto de "objetivismo" consiste, na verdade, na abolição parcial e temporária de uma cisão rígida do mundo entre sujeito e objeto. Ora, como já foi dito, essa dicotomia efetuada pela razão crítica — bem como as que distinguem espírito e matéria, atividade e passividade, causa e efeito, universal e particular etc. — encontra-se entre as condições habituais do pensamento dianoético, seja prático, seja teórico.

O pensamento poético opõe-se, portanto, a essas modalidades de pensamento. Tornada possível pelo estado de preguiça fecunda, a relativização das dicotomias reproduz-se no próprio poema. Com efeito, o que pensa no poema é também a sua materialidade linguística: sua sonoridade, seu ritmo, suas rimas, suas aliterações etc., isto é, não apenas os seus significados, mas os seus significantes; e estes não se separam, no poema, daqueles.

Para terminar, tentemos esquematicamente reconstituir a feitura de um poema. Em princípio, tudo nele é arbitrário. O poeta contemporâneo sabe que a poesia é compatível com uma infinidade de formas e temas. Ele tem o direito de usar qualquer das formas tradicionais do verso, o direito de modificá-las e o direito de inventar novas formas para os seus poemas. Nenhuma opção lhe é vedada a priori; em compensação, nenhuma opção lhe confere garantia alguma de que sua obra venha a ter qualquer valor.

O poema se desenvolve a partir de alguma decisão ou de algum acaso inicial. Por exemplo, ocorre ao poeta, em primeiro lugar, uma frase que ouviu no metrô; a partir dela, esboça-se uma ideia: e ele começa a fazer um poema. Ou então lhe ocorre uma ideia e ele tenta desdobrá-la e realizá-la concretamente. A cada passo, é preciso fazer escolhas. Em algum momento — seja no início, seja no meio do trabalho — impõe-se decidir a estrutura global do poema: se será longo ou curto; se será dividido em estrofes; se seus versos serão livres ou metrificados; se serão rimados ou brancos; se o poema como um todo terá um formato tradicional, como um soneto, ou uma forma inventada, sui generis etc. Às vezes, uma primeira decisão parece impor todas as demais, que vêm como que natural e impensadamente; às vezes, certos momentos se dão como crises que aguardam soluções. Às vezes, é preciso refazer tudo.

Cada escolha que o poeta faz limita a liberdade vertiginosa de que ele dispunha antes de começar a escrever. As restrições devidas a formas autoimpostas são importantes, porque exatamente o esforço consciente e obsessivo para tentar resolver a tensão entre elas e o impulso expressivo é um dos fatores que mais propiciam a ocorrência de intervenções felizes do acaso e do inconsciente: o que, de certo modo, dissolve a dicotomia tradicional entre a inspiração, por um lado, e a arte ou o trabalho, por outro.

O poeta revê frequentemente o poema *in faciendi*: retira-lhe tudo o que não lhe pertence por direito, modifica o que deve ser modificado, adiciona o que falta, reduz o poema ao que deve ser e apenas ao que deve ser. Isso é feito até o impossível, isto é, até que o poema resplandeça. O que resplandece é o que vale por si: o que merece existir.

Para tentar chegar a esse ponto, o poeta necessita pôr em jogo, até onde não possam mais ir, todos os recursos de que dispõe: todo o seu tempo, seu intelecto, sua imaginação, sua sensibilidade, sua intuição, sua razão, sua sensualidade, sua experiência, seu vocabulário, seu conhecimento, seu senso de humor, sua experiência, emoção, cultura, crítica etc. E entre os "*caetera*" encontra-se a capacidade de, a cada momento, intuir o que interessa e o que não interessa naquilo que o acaso e o inconsciente ofereçam.

Assim, numa época em que "tempo é dinheiro", a poesia se compraz em esbanjar o tempo do poeta, que navega ao sabor do poema. Mas exatamente o poema em que a poesia esbanjou o tempo do poeta é aquele que também dissipará o tempo do leitor ideal, que se deleita ao flanar pelas linhas dos poemas que mereçam uma leitura por um lado vagarosa, por outro, ligeira; por um lado reflexiva, por outro, intuitiva; por um lado auscultativa, por outro, conotativa; por um lado prospectiva, por outro, retrospectiva; por um lado linear, por outro, não linear; por um lado imanente, por outro, transcendente; por um lado imaginativa, por outro, precisa; por um lado intelectual, por outro, sensual; por um lado ingênua, por outro, informada. Ora, é por essa temporalidade concreta, que se põe no lugar da temporalidade abstrata do cotidiano e que se manifesta, em oposição a esta, como uma preguiça fecunda, que se mede a grandeza de um poema.

A razão niilista[*]

Não é possível falar de niilismo sem lembrar, em primeiro lugar, Nietzsche, que tantas páginas impressionantes dedicou a esse assunto. "Que significa o niilismo?", pergunta Nietzsche em *A vontade de poder*. E responde: "Que os valores supremos estão perdendo o seu valor".[1] Assim também, em *A gaia ciência*, por exemplo, ele descreve o niilismo como

> a desconfiança de que há uma oposição entre o mundo em que até há pouco estávamos em casa com nossas venerações — em virtude das quais talvez *aguentássemos* a vida — e outro mundo em *que somos nós mesmos*: uma desconfiança inexorável, radical, profundíssima sobre nós mesmos, que está continuamente submetendo a nós, europeus, de modo cada vez mais incômodo ao seu poder e que facilmente poderia colocar a próxima geração ante a terrível alternativa: ou vocês abolem as suas venerações ou — *a si próprios!*

[*] Texto originalmente publicado em Adauto Novaes (Org.), *Mutações: A experiência do pensamento*. São Paulo: Edições Sesc, 2010.

A segunda opção seria o niilismo — mas não seria a primeira também niilismo?[2]

Na verdade, o niilismo nesse sentido, isto é, a desconfiança e a negação dos valores supremos, constitui uma *segunda* etapa do niilismo. A *primeira* etapa — chamemo-la de "niilismo em si" — consiste na depreciação da vida real em nome da postulação fictícia e da valorização de um mundo suprassensível superior a ela. É o que faz a metafísica platônica, por exemplo. Platão, como se sabe, postula que o que chamamos de "mundo real", o mundo que nos é dado pelos sentidos e no qual agimos, não passa de um simulacro do mundo verdadeiramente real, que é o mundo das ideias eternas universais e imutáveis e, em primeiro lugar, da ideia do bem: do bem em si. "O pior, mais persistente e perigoso dos erros até hoje", diz Nietzsche, "foi um erro de dogmático: a invenção platônica do puro espírito do bem em si."[3] Por quê? Porque ele desvaloriza o mundo real. O mundo sublunar em que vivemos é tanto menos dotado de realidade e valor, quanto mais se afaste desse mundo ideal.

Para Nietzsche, de uma maneira ou de outra, é assim que opera toda metafísica. Não há, segundo ele, metafísica que não julgue e não deprecie o mundo sensível em nome de um mundo suprassensível. Nesse sentido, a metafísica lhe aparece como essencialmente niilista.

Pois bem, segundo Nietzsche, o cristianismo é um platonismo vulgar, um "platonismo para o 'povo'", como diz.[4] Trata-se, portanto, de niilismo para o povo. "O conceito cristão de Deus" — afirma em *O Anticristo*, cujo subtítulo é "maldição ao cristianismo":

Deus como deus dos doentes, Deus como aranha, Deus como espírito — é um dos mais corruptos conceitos de Deus que já foram alcançados na Terra; talvez represente o nadir na evolução descendente dos tipos divinos. Deus degenerado em *contradição da vida*, em vez de ser transfiguração e eterna afirmação desta! Em Deus a hostilidade declarada à vida, à natureza, à vontade de vida! Deus como fórmula para toda difamação do "aquém", para toda mentira sobre o "além"! Em Deus o nada divinizado, a vontade de nada canonizada![5]

O nada divinizado: que maior degradação do mundo real pode ser concebida? Tal é a primeira etapa do niilismo, na Europa.

E como se chega à segunda etapa, que podemos chamar de "niilismo *para* si", isto é, o niilismo que já se considera como tal? Em *A vontade do poder*, Nietzsche especula que a moralidade cristã acaba por se voltar contra o próprio Deus cristão. É que a valorização da veracidade, que faz parte dessa moral, alimenta uma vontade da verdade que acaba por se revoltar contra a falsidade e o caráter fictício das interpretações cristãs do mundo e da sua história. Descobre-se que não se tem o menor direito de pressupor um ser transcendente ou um em si das coisas, que fosse ou divino ou a encarnação da moralidade. A reação contra a ficção de que "Deus é a verdade" é: "Tudo é falso".

A partir disso, negam-se todos os valores supremos. É a morte de Deus. Quando se diz que Deus está morto, sugere-se não somente o fim do império do Deus das religiões, mas de todo elemento transcendente. O domínio do transcendente se torna nulo e vazio. O niilista nega Deus, o bem, a verdade, a beleza. Não há entidade superior. Nada é realmente verdadeiro, nada é realmente bom. Se antes a vida real era desvalorizada em nome dos valores supremos, agora os próprios valores supremos são desvalorizados, sem que se tenha reabilitado a vida real. Desmente-se o mundo metafísico, sem se crer no mundo físico. Todos os antigos fins do ser se tornam supérfluos. Nega-se qualquer finalidade ou unidade ao mundo. A vida não tem propósito. Nada vale a pena. No limite, dá-se uma negação de toda vontade, o *taedium vitae*. A vida é inteiramente depreciada.

Mas é preciso dizer que, além desse modo passivo de niilismo para si, que representa decadência e constitui um retrocesso do poder do espírito, há outro niilismo para si. Trata-se do que Nietzsche chama de "niilismo ativo", que representa o aumento do poder do espírito. Ele afirma que "seu máximo de força relativa, o [espírito] alcança como força violenta de *destruição*: como *niilismo ativo*".[6] "Antes desejar o nada do que nada desejar", diz Nietzsche. É sem dúvida nesse sentido que ele classifica a si próprio como o primeiro niilista europeu perfeito, isto é, em suas palavras, "o primeiro niilista europeu que já viveu em si o niilismo até o fim, já o deixou atrás de si e o superou". Para Nietzsche, o niilismo ativo e perfeito era um passo necessário, lógica e psicologicamente, para o advento daquilo que o superaria, que seria a transvaloração de todos os valores. Assim, ele acreditava que o triunfo do niilismo era inevitável no momento em que escrevia, pois os próprios valores correntes chegariam no niilismo à sua conclusão lógica. Era necessário experimentar o niilismo para poder compreender o verdadeiro valor desses "valores". "Mais cedo ou mais tarde", dizia ele, "precisaremos de novos valores."[7]

Sabemos que, para Nietzsche, esses valores deveriam surgir a partir da afirmação da vontade de poder, que se manifesta também na afirmação do eterno retorno. Não vou aqui entrar nessa questão porque quero me ater ao niilismo. O nada já é um assunto vasto demais. Adianto apenas que, neste ponto, parece-me definitiva a crítica de Heidegger que se encontra no volume *O niilismo europeu*, da obra que dedicou ao autor de *Assim falou Zaratustra*. Segundo ela, longe de superar a metafísica moderna da subjetividade, inaugurada por Descartes, Heidegger pensa que o conceito da vontade de poder faz parte dela, talvez como seu último e mais radical produto.

De todo modo, também para Heidegger, toda a metafísica ocidental resulta niilista, uma vez que abandona a questão do ser. Ao final de "Introdução à metafísica", ele se pergunta: "Mas onde está a operar o niilismo autêntico?". E responde:

> Onde as pessoas se prendem aos entes corriqueiros e supõem que basta tomar o ente como até hoje se fez, como o ente que ele, afinal, é mesmo. Com isso, porém, rejeita-se a questão do ser e trata-se o ser como um nada (*nihil*) que também, em certo sentido, ele é. No esquecimento do ser tratar somente dos entes — isso é o niilismo. O niilismo assim compreendido é que é o fundamento para aquele niilismo que Nietzsche expôs no primeiro livro de *A vontade de poder*. Na questão do ser ir expressamente até a fronteira do nada e incluí-la na questão do ser é, por outro lado, o primeiro e único passo frutífero para a verdadeira superação do niilismo.[8]

Quando Heidegger diz que, de certo modo, ele *é* um nada, entende-o exatamente no sentido de que ele, não sendo ente nenhum, não é, evidentemente, nada do que a metafísica ou a linguagem corriqueira toma como ser. Assim devemos entender a afirmação de que "no esquecimento do ser tratar somente dos entes — isso é o niilismo". Por isso, a questão do ser se encontra "na fronteira do nada", isto é, na fronteira daquilo que, para a metafísica, nada é. Devemos ir até esse ponto, se pretendemos superar o niilismo. Só então podemos deixar de pensar o ser como um universal ou uma transcendência vertical, e sim como ele deve ser pensado, isto é, como uma singularidade absoluta. Trata-se então do mistério que se dá ao se ocultar. Longe de ser um ente privilegiado, ele consiste no outro dos entes, que é o fundamento sem fundo, ou fundamento abissal, do qual não se pode dar a razão, e que se oferece a pensar como o nada.

Entende-se assim que a posição teórica através da qual o pensador, abstraindo de tudo o que não constitui o seu objeto, jamais é capaz de alcançar o ser. O positivismo, que se recusa a falar do que não é suscetível de ser dado positivamente, constitui o ápice do niilismo.

Para Heidegger, é exatamente porque Nietzsche, embora tendo reconhecido o niilismo como um movimento da história ocidental moderna, não foi capaz de pensar essencialmente sobre o nada, no sentido em que acabo de indicar e porque não foi sequer capaz de levantar essa questão, que ele não superou a metafísica, de modo que o seu conceito de niilismo acabou sendo, ele mesmo, segundo Heidegger, niilista.

EXCURSO 1: OS ESTILOS NA FILOSOFIA

Mas, antes de prosseguir, consideremos por um momento a história da filosofia, do ponto de vista estilístico. Podemos distinguir pelo menos quatro importantes gêneros de discurso filosófico escrito, no Ocidente: o tratadístico, o ensaístico, o dialógico e o aforístico. Talvez pudéssemos adicionar o epistolar como um quinto, mas creio que este se dá sobretudo como um modo do discurso ensaístico. O mesmo se pode dizer de memórias ou confissões, como as de Agostinho. Em princípio, qualquer um deles pode ser feito em prosa ou em verso. Exemplo clássico do gênero tratadístico é Aristóteles; do ensaístico, Sêneca (simultaneamente epistolar); do dialógico, Platão; do aforístico, Epíteto.

De modo geral, enquanto o tratado é escrito em linguagem técnica, é sistemático e tende a ser demonstrativo, valendo-se principalmente da lógica e da dialética, o ensaio é escrito em linguagem corrente ou literária, é digressivo e tende a confiar na persuasão, de modo que se aproxima da retórica e da literatura.

85

Pode-se dizer que é basicamente entre o polo tratadístico e o polo ensaístico que transitam os dois outros gêneros. O tratado, por ser especializado, é predominante na academia. Prestando-se melhor a métodos construtivos, o gênero tratadístico foi, de acordo com a tradição aristotélica, geralmente empregado em obras de metafísica. Já o ensaístico tende a ser preferido exatamente pelos autores não acadêmicos e antimetafísicos.

Descartes, como se sabe, é tido como o pai da filosofia moderna. Suas obras filosoficamente mais influentes, o *Discours de la méthode* e as *Meditationes de prima philosophia*, parecem, pela sua forma — inclusive pelos seus próprios nomes —, mais próximas do ensaio do que do tratado. Para além da influência de Montaigne, de quem ele era leitor, isso se deve sem dúvida ao fato de que ele quer se diferenciar de determinada tradição tratadística: a da escolástica. No fundo, porém, tanto pelo conteúdo quanto pelo método, seus escritos constituem obras muito mais próximas da tradição tratadística. E, de fato, ele acaba por recorrer ao tratado no seu *Principia philosophiae*.

De todo modo, o fato é que a grande tradição filosófica da modernidade clássica pode ser considerada como predominantemente tratadística. Assim são Espinosa, Leibniz, Locke, Berkeley (por trás das primeiras aparências), Hume (idem, e não só no *Treatise*, mas também no *Essay*), Kant, Fichte, Shelling, Hegel.

É claro que o ensaio filosófico jamais deixou de ser cultivado, frequentemente referindo-se de maneira irônica ou agressiva em relação a esta ou àquela filosofia tratadística. É o caso de Montaigne em relação à escolástica, Pascal em relação a Descartes, Jacobi tanto em relação a Espinosa quanto a Fichte, e Nietzsche e Kierkegaard em relação ao idealismo alemão. Pascal, Jacobi e Kierkegaard atacavam a metafísica a partir das exigências da religião. Montaigne e Nietzsche, não: mas todos, inclusive Montaigne, se preocupavam sobretudo com a ética, com o comportamento moral dos homens, mesmo quando se consideravam antimoralistas, como Nietzsche.

O sentido da digressão que acabo de fazer sobre o estilo em filosofia é perguntar se não é apenas a metafísica, mas, de maneira geral, a filosofia tratadística, sistemática, lógica, teórica que necessariamente tem parte com o niilismo: mais especificamente, com o niilismo ativo, no sentido de Nietzsche.

Ao elogiar o estilo ensaístico, em seu ensaio "Der Essay als Form",[9] Theodor Adorno desconfia da ambição tratadística (1) de começar ex nihilo, a partir de uma tábula rasa; (2) de pressupor a prioridade do método; (3) de separar rigidamente forma e conteúdo; (4) de desprezar o transitório para buscar o atemporal; (5) de confiar na abstração etc.

Ora, essas características pertencem necessariamente ao pensamento filosófico maximamente ambicioso e radical, isto é, ao pensamento filosófico maximamente dotado de (*malgré* Nietzsche) *vontade de poder*. Consideremos cada uma delas.

(1) Para o pensamento filosófico, começar ex nihilo significa, no fundo, não pressupor senão os seus próprios recursos. A exigência da tábula rasa significa a recusa, por ele, de qualquer pressuposto ou preconceito que não tenha subsistido à crítica, isto é, à razão, por ele representada.

(2) O método, que é, *ex definitione*, o caminho para o conhecimento, está necessariamente presente, implícita ou explicitamente, em todo empreendimento cognitivo. Ele se encontra, portanto, tanto no ensaio quanto no tratado filosófico. A diferença é que, enquanto o ensaio é capaz de ignorá-lo, o tratado, exatamente por sua ambição de examinar todo pressuposto e preconceito, te-

matiza-o explicitamente. Ao fazê-lo, o tratado não pode deixar de manifestar a prioridade — prioridade cronológica — que cabe ao método, em virtude precisamente de ser o caminho para o conhecimento.

(3) A separação entre forma e conteúdo é consequência da pretensão de universalidade da razão, que é capaz de se manifestar através de diferentes formas particulares, porém não admite confundir-se com nenhuma delas, já que, se o fizesse, estaria a limitar a si própria. Em última análise, semelhantes autolimitações implicam autocontradições performativas. Por isso, a razão considera acidentais as formas particulares — por exemplo, as diferentes línguas — através das quais se manifesta.

(4) Da mesma pretensão à universalidade deriva a indiferença pelo transitório, que é necessariamente particular. Lembremo-nos das palavras famosas de Aristóteles: "Há uma ciência que contempla o ente enquanto ente e o que a ele cabe enquanto tal. E ela não é idêntica a nenhuma das que chamamos particulares: pois nenhuma das demais considera universalmente sobre o ente enquanto ente, mas, tendo dividido alguma parte dele, elas contemplam os acidentes desta".

(5) A confiança na abstração é manifestação de confiança na própria razão, pois a abstração é um dos atos fundamentais da razão.

Talvez, ao contrário do que pensa Heidegger, a metafísica não tenha esquecido o ser, mas simplesmente ocorra que o ser — no sentido heideggeriano — não diga respeito nem a ela, nem à filosofia sistemática, nem à lógica.

Neste ponto vale a pena lembrar a admiravelmente clara interpretação do fenômeno do esquecimento do ser dada por Étienne

Gilson, que chama a atenção para o fato de que a relação entre "ser" e "ente" não é recíproca:

> "Ente" é concebível, "ser" não é. Não é possível conceber um "é", salvo pertencente a alguma coisa que é, ou existe. Mas o inverso não é verdade. O ente é perfeitamente concebível separado da existência atual; a tal ponto que a primeiríssima e mais universal de todas as distinções no reino do ente é aquela que o divide em duas classes, a do real e a do possível. Mas o que é concebê-lo como meramente possível senão concebê-lo como separado da existência atual? Um "possível" é um ente que ainda não recebeu, ou que já perdeu, seu próprio ser. Uma vez que o ente é pensável à parte da existência atual, enquanto a existência atual não é pensável separada do ente, os filósofos não farão mais que ceder a uma das inclinações fundamentais da mente humana, ao estabelecer o *ente*, menos a existência atual, como o primeiro princípio da metafísica.[10]

Na digressão sobre o estilo na filosofia, citei F. H. Jacobi, que criticou a filosofia de Espinosa e a de Fichte. Do mesmo modo que Pascal, ele acreditava que a pura filosofia levava ao ceticismo. Numa obra sobre Hume, Jacobi conta que leu a *Ética*, de Espinosa, tentando encontrar uma formulação mais clara da versão cartesiana da prova ontológica da existência de Deus. Ele a encontrou, mas, ao fazê-lo, percebeu — como Pascal antes dele — que essa prova não valia para o Deus de Abraão, de Isaac ou de Jacó, mas somente para o Deus dos filósofos, que não passava de uma abstração.[11]

O Deus de Espinosa, por exemplo, ou a substância infinita, não se reduz a nenhum ente particular. Em carta a Moses Mendelssohn, Jacobi, explicando o sistema de Espinosa, diz que, para este, o primeiro — não apenas nas coisas extensas ou nas pensantes, mas o que é primeiro em umas e nas outras, e igualmente em todas as coisas —, o ser original [*das Ur-Seyn*], o real onipresente e imutável que, ele mesmo, não pode ser nenhuma propriedade, mas do qual tudo o mais é apenas uma propriedade que ele tem, esse único e infinito ser de todos os seres [*dieses einzige unendliche Wesen allerWesen*], Espinosa chama Deus, ou *a substância*.[12]

E continua:

Esse Deus não pertence, portanto, a nenhuma espécie de coisas, e não é nenhuma coisa separada, individualmente diferente. Assim a ele não pode convir nenhuma das determinações que distinguem as coisas individuais; tampouco uma consciência ou um pensamento próprio e particular, ou uma extensão, figura ou cor própria e particular; ou o que quer que se possa nomear que não seja puro elemento original [*Urstoff*], pura matéria, substância universal.[13]

Finalmente, no que nos interessa, Jacobi cita um famoso trecho da carta L de Espinosa e o comenta:

Determinatio est negatio, seu determinatio ad rem justa suum esse non pertinet [A determinação é negação, ou seja, a determinação não pertence à coisa segundo o seu ser]. As coisas individuais, portanto, na medida em que existem somente de certo modo determinado, são *non-entia* [não entes]; e o ser infinito indeterminado é o único verdadeiro *ens reale, hoc est, est omne esse et praeter quod nullum datur esse* [ente real, ou seja, é todo o ser, além do qual nenhum ser é dado].[14]

Jacobi entende que, para Espinosa, tudo o que é finito é concebido como uma limitação ou negação do infinito (*determinatio est negatio*). Só a substância infinita, que não se reduz a ente particular nenhum, é inteiramente positiva, não possuindo limitação, determinação, negação alguma. Com efeito, na carta XXXVI, Espinosa afirma que "uma vez que 'determinado' não denota nada de positivo, mas apenas a limitação da existência da natureza concebida como determinada, segue-se que aquilo cuja definição afirma a existência não pode ser concebido como determinado".[15] Tal é a substância ou Deus, um ente "que é absolutamente indeterminado".[16]

Lembro que Espinosa havia explicado, no *Tratado sobre a reforma do entendimento*, que o emprego de uma expressão negativa, como "indeterminado", para Deus ou a substância, que nada tem de negativo, deve-se ao fato de que "as palavras fazem parte da imaginação", de modo que as coisas "que só estão no intelecto, e não na imaginação", costumam receber denominações negativas. Exemplos são "incorpóreo", "infinito" etc.[17]

Para Jacobi, contudo, independentemente da terminologia espinosista, a verdade é que tal indeterminação não é concebível senão através da abstração — da negação — de toda determinação, de modo que o *summum reale* é, enquanto tal, o *summum abstractum*. Trata-se, portanto, segundo ele — que chegou à conclusão de que toda filosofia puramente racional daria no mesmo resultado —, do mais puro niilismo.

A verdade é que, de fato, quando maximamente ambiciosa e radical, a filosofia é niilista, no sentido de Jacobi. Por quê? Porque, quando maximamente ambiciosa e radical, ela busca o absoluto: o absoluto ontológico e/ou o absoluto epistemológico. "Absoluto", de *ab solutum,* isto é, *ab alio solutum* significa em primeiro lugar o que é solto, livre, desligado e independente de outra coisa: o que é por si.[18] Assim é, por exemplo, a substância, segundo Espinosa, já que ele a define como "aquilo que é em si e é concebido por si: isto é, aquilo cujo conceito não precisa do conceito de outra coisa, a partir da qual deva ser formado".[19]

Deixemos Espinosa de lado por um momento. Na metafísica clássica, o conceito do absoluto é obtido por diversos caminhos. No fundo, porém, eles não passam de diferentes versões de uma teologia negativa. O conceito do absoluto, consistindo no conceito do não relativo, é obtido exatamente através da abstração de todo o relativo. Não é preciso fazer um grande esforço analítico para compreender que, necessariamente, tudo o que é particular, tudo o que é contingente, tudo o que é temporal, tudo o que é empírico, tudo o que é finito, tudo o que é definido, tudo o que é determinado é relativo; e, uma vez que comumente chama-se de "positivo" precisamente aquilo que é definido, determinado etc., segue-se que tudo o que é positivo é relativo.

Desse modo chegamos a algo que é aparentemente — mas apenas aparentemente — oposto à substância de Espinosa. Se todo positivo é relativo, então o absoluto é negativo, ou a negatividade é absoluta. Não tendo nada de particular, acidental, contingente, temporal, empírico, finito, definido, determinado, positivo, o absoluto é universal, necessário, atemporal, transcendental, infinito, indefinido, indeterminado — e negativo. Trata-se de um absoluto negativo ou de uma negatividade absoluta.

Na verdade, a oposição entre esse resultado e o de Espinosa é apenas aparente. Este chama o caráter absolutamente indeterminado da substância — do absoluto — de "absolutamente positivo", em oposição ao determinado, que sofre a negação; como vimos, poderíamos chamar o mesmo caráter absolutamente indeterminado do absoluto de "absolutamente negativo". Ora, é o caráter indeterminado, logo, inapreensível, do absoluto que autoriza a chamar de "niilista" qualquer das duas formulações.

EXCURSO 2: HEGEL

A identidade última do positivo e do negativo no indeterminado lembra o primeiro — e, do ponto de vista do seu autor, mais pobre — momento da Ciência da lógica de Hegel, que pretendia justamente chegar ao absoluto determinado, uma vez que tivesse *aufgehoben* — incorporado e superado — o absoluto indeterminado. Na verdade, trata-se de um momento insuperável não só de Hegel, mas de toda a filosofia.

"Em sua imediaticidade indeterminada", diz ele,

[o ser] é igual apenas a si mesmo e também não é desigual a outra coisa, destituído de distinção interna ou externa. Através de qualquer determinação ou conteúdo que o diferenciasse internamente ou que o supusesse como diferente de outra coisa, ele perderia sua pureza. Ele é indeterminação e vazio puros. — Não há nada nele a ser contemplado, se é que se pode aqui falar de contemplação; ou então ele é só essa pura e vazia contemplação mesma. Tampouco há algo nele a ser pensado, ou então ele é do mesmo modo só esse puro pensamento. O ser, o imediato indeterminado é na verdade nada, e não mais nem menos que nada.[20]

Na *Enciclopédia*, Hegel afirma que "o ser puro constitui o começo porque é tanto puro pensamento quanto o imediato indeterminado, simples, que pode ser o primeiro começo, mas nada mediado e mais determinado".[21] Hegel, como foi dito, pretende superar esse absoluto indeterminado. A verdade, porém, é que sua tentativa é um — diga-se a verdade: grandioso — fracasso: e é um fracasso desde o começo.

Segundo ele, a verdade do ser e do nada é o devir, pois o que é a verdade não é nem o ser nem o nada, mas que o ser passa — ou melhor, já passou — ao nada e o nada ao ser.[22] Ora, isso já é inaceitável, pois não pode haver trânsito efetivo do nada ao ser ou vice-versa. Se o ser é conceitualmente o mesmo que o nada, e o nada, o mesmo que o ser, então só uma ilusão pode levar alguém a falar de transição, pois o mesmo não transita ao mesmo. Prevendo essa possível objeção, Hegel afirma que

> tão correta quanto a unidade de ser e nada é porém também que são absolutamente distintos — que um não é o que o outro é. Apenas, uma vez que a diferença aqui ainda não se determinou, pois justamente ser e nada são ainda o imediato, ela é, como se encontra neles, o indizível, a mera opinião.[23]

Contudo, a verdade é que essa diferença jamais se torna mais precisa. Ela não é capaz de superar o status de doxa, opinião, imaginação, ilusão. O tornar-se não pode ser a identidade do ser absoluto e do nada absoluto justamente porque ele é diferente tanto de um quanto de outro, que são idênticos. O ser absoluto é conceitualmente idêntico ao nada absoluto, e isso basta. Por essa razão, resulta ininteligível a explicação de Hegel para a coagulação do tornar-se no estar aí (*Dasein*) ou no ser determinado:

> O tornar-se contém em si o ser e o nada, e de tal maneira que esses dois simplesmente se transformam um no outro e se superam mutuamente. Com isso, o tornar-se se demonstra como inteiramente inquieto, mas incapaz de se manter nessa inquietação abstrata; pois na medida em que ser e nada se esvanecem no devir e só isto é o seu conceito, ele próprio é um esvanecente, feito um fogo que se consome em si mesmo enquanto devora o seu material. Mas o resultado desse processo não é o nada vazio, mas o ser idêntico à negação, que chamamos estar aí (*Dasein*) [...].[24]

Ora, como dissemos, se o ser é idêntico ao nada, não há tornar-se um o outro. Isso significa que, dado que o devir é o elo entre o momento do ser-nada e o momento do estar aí (*Dasein*), isto é, do ser determinado, pode declarar-se insatisfatória a passagem crucial do primeiro para o segundo capítulo da *Lógica*. Isso não significa que não haja uma diferença fundamental entre o ser ou o nada absoluto e o ser determinado. Muito pelo contrário: trata-se de uma diferença crucial. O que a insuficiência da derivação hegeliana significa é que o conceito de ser absoluto ou o absoluto abstrato não pode ser reduzido a uma representação inadequada do ser determinado. Assim, desde o primeiro passo não se realiza a pretensão hegeliana de que o absoluto abstrato não passe da mais pobre das definições do absoluto, destinada a ser relativamente superada por todos os significados subsequentes revelados pela *Lógica*.

Mas quero voltar ao indeterminado, tal como ele se encontra num ponto muito anterior da história da filosofia. Refiro-me ao que é considerado o primeiro texto filosófico preservado: a sentença do filósofo Anaximandro de Mileto. Ela diz:

> Princípio [...] dos entes [é] o *ápeiron* ["infinito", "ilimitado", "indefinido", "indeterminado"] [...]. A geração é para os entes a partir das coisas em direção às quais também a corrupção deles se gera segundo o necessário. Pois eles dão justiça e reparação uns aos outros pela injustiça, segundo a ordem do tempo.[25]

Substantivando o adjetivo ἄπειρος (em Homero, ἀπείρων), "infinito" ou "ilimitado", Anaximandro transforma-o em τo ἄπειρον, to *ápeiron,* "o infinito", "o ilimitado", "o indefinido", "o indeterminado", do qual faz o princípio negativo de tudo o que é πεπερασμένον (*peperasménon*): "positivo", "finito", "limitado", "definido", "determinado". Usarei aqui a palavra "indeterminado" (referente à ausência de determinação tanto quantitativa quanto qualitativa) como sinônimo de *ápeiron*. Não se trata de um princípio entre outros. Em fragmento citado por Hipólito, Anaximandro diz que o *ápeiron* é eterno e sem idade.[26]

Não se deve pensar que ele consista numa substância primordial, a partir da qual se tenha formado o mundo. Não há por que pensar que consista numa sustância ou elemento. O *ápeiron* é simplesmente o indeterminado. Também não há por que pensar, como Simplício, que se trate de "outra natureza [φύσις] qualquer ilimitada". Toda natureza é, ao menos qualitativamente, limitada, isto é, determinada. Não seria possível determinar o indeterminado sem que ele deixasse de ser o que é.

Para Anaximandro, pois, o princípio absoluto do determinado é o indeterminado. Que quer dizer isso?

Dizer que o princípio absoluto do determinado é o indeterminado significa, em primeiro lugar, que o determinado provém do indeterminado e para ele retorna: "A geração é para os entes a partir de coisas em direção às quais também a corrupção deles se gera".

O indeterminado é aquilo para o qual os entes determinados vêm e para o qual voltam. Já o determinado é derivado do indeterminado, do qual não passa de um fragmento, momento ou aspecto.

Contra semelhante tese, seria possível produzir um argumento (dotado de certo sabor bergsoniano) segundo o qual tudo o que é indeterminado o é em relação a algo determinado, de modo que (fazendo abstração da física quântica) não há nada que seja em si indeterminado. Quando dizemos, por exemplo, que a causa do fenômeno F é indeterminada, isso não significa que exista uma coisa em si indeterminada que cause o fenômeno F, mas sim que essa causa é indeterminada para nós, que atualmente a desconhecemos. Nada impede que possamos vir a conhecê-la, e nesse caso ela se revelará tão determinada quanto o fenômeno de que constitui a causa. Em outras palavras, o indeterminado é aquilo que é indeterminado para nós em dado momento, ou porque ainda não se determinou, ou porque já perdeu a sua determinação para nós.

Ora, pode-se reconhecer isso e, no entanto, sem contradição, afirmar que o determinado é, em última instância, produzido pelo indeterminado, ou seja, pelo que é indeterminado para nós em dado instante, e que esse indeterminado não apenas cerca o mundo determinado como se esconde no seu cerne, assim como cerca e se esconde no cerne de cada ente, de cada parte e de cada partícula de cada parte de cada ente determinado que se encontre no mundo. De fato, penso que é precisamente por esse caminho que deve ser interpretado o sentido da palavra *ápeiron*. É claro que se pode indefinidamente estender o campo do determinado, mas a incomensurabilidade entre o finito e o infinito — infinito não apenas em extensão, mas em profundidade e no tempo — significa que, em última análise, o determinado nunca será mais que um aspecto infinitésimo do indeterminado. Nesse sentido, o indeterminado é o que ainda não foi determinado. Não há nada no indeterminado que seja, em princípio, *indeterminável* ou incognoscível. Isso significa que o indeterminado não se confunde com o irracional, e Anaximandro manifesta ainda essa conclusão não só ao afirmar que a relação do determinado com o indeterminado se dá "segundo o necessário", mas também ao se referir à "ordem do tempo". Por outro lado, o *ápeiron* não pode ser inteiramente esgotado, pois é, *ex definitione*, infinito.

Anaximandro foi, segundo uma tradição relatada por Diógenes Laércio, "o primeiro a desenhar o perímetro da terra e do mar".[27] Aproximadamente cem anos depois desse feito, Heródoto declarou, em suas *Histórias*, que ria "ao olhar os circuitos da terra já desenhados por muitos, e nenhum razoavelmente explicativo:

eles desenham o oceano a correr em torno da terra, sendo esta circular como se feita com um compasso, e tendo feito a Ásia igual à Europa".[28]

Kirk e Raven especulam que Heródoto deve ter visto mapas feitos por Hecateu, a partir do modelo de Anaximandro.[29] De qualquer modo, o oceano cerca a terra no escudo de Aquiles, descrito na *Ilíada* por Homero. Para Tales, o primeiro filósofo, a terra, que é, em última análise, feita de água, flutua sobre o oceano. Nesse caso, o oceano está para a terra como o *ápeiron* para o *peraménos*, isto é, como o indeterminado para o determinado. Segundo Agatêmero,[30] Anaximandro foi o primeiro a desenhar o mapa-múndi numa tábula. É provável, porém, que ele houvesse traçado mapas também no chão de terra batida, como, muito mais tarde, Arquimedes fez com os seus círculos. Teríamos então o chão ilimitado como equivalente do indeterminado e o chão limitado, circunscrito pelo traçado, como equivalente do determinado. A analogia permite perfeitamente conceber como Anaximandro entende a relação entre o indeterminado e o determinado. O mapa pode ser apagado e retraçado muitas vezes, lá, onde Anaximandro o traçava, ou alhures. De todo modo, ele pode, enquanto determinado (dotado da forma F), ser modificado (passar a ter a forma F); ele não existia antes de ser traçado; ele deixará de existir um dia; ele poderia jamais ter sido traçado. Já o indeterminado não pode, enquanto tal, ser modificado (justamente por não ser dotado de nenhuma forma que possa ser modificada); ele sempre foi e sempre será pressuposto pela existência do determinado, e não há possibilidade de que não seja assim. Com efeito, é no indeterminado que se encontra a possibilidade do determinado, é a partir do indeterminado que ele vem a existir, e é para o indeterminado que ele passa ao deixar de existir. Em oposição ao determinado ou à forma, é com a não forma, isto é, com o movimento ou a mudança, que ele se identifica.

Em segundo lugar, dizer que o princípio absoluto do determinado é o indeterminado significa também que nada de determinado — consequentemente, nada de particular ou positivo — pode ser o princípio absoluto. A afirmação do caráter indeterminado ou negativo do princípio absoluto não equivale a negá-lo, ou seja, não equivale negar a vigência de todo e qualquer princípio absoluto. A negação da vigência de todo e qualquer princípio absoluto não passaria de um princípio absoluto do qual decorreria a negação da sua própria vigência, quer dizer, não passaria de um paradoxo estéril e autodestrutivo. Anaximandro não é sofista nem relativista, e tampouco se deixa embaraçar pelas aporias em que estes incorrem. Afirmar o caráter negativo do princípio absoluto significa impedir que ilusoriamente se ponha no lugar do princípio absoluto — no lugar do absoluto — qualquer positividade, qualquer ente (divino ou não), qualquer forma, ideia ou poema concebível: significa impedir, portanto, que se ponha, no lugar do absoluto, qualquer princípio particular ou positivo. Assim, dado que a fonte inesgotável e surpreendente dos entes, formas e poemas — a saber, a fonte eidopeica e epopeica, que também se pode chamar de *poesia* — é precisamente o *ápeiron*, ou o indeterminado, que é o absoluto, decorre daí que, em princípio, nem o conjunto de formas naturais nem o conjunto de formas culturais jamais podem estar fechados ou prontos.[31]

De toda maneira, é nesse contexto que se deve entender a última parte do enunciado de Anaximandro. Repito-o por inteiro, grifando a parte em questão:

> Princípio [...] dos entes [é] o *ápeiron* ["infinito", "ilimitado", "indefinido", "indeterminado"] [...]. A geração é para os entes a partir das coisas em direção às quais também a corrupção deles se gera segundo o necessário. *Pois eles dão justiça e reparação uns aos outros pela injustiça, segundo a ordem do tempo.*

A maior injustiça é que algo *peperasménon*, ou determinado, usurpe o lugar do absoluto, lugar que pertence ao *ápeiron*, isto é, ao indeterminado; ou que o *ápeiron*, ou indeterminado, ou seja, o absoluto, seja reduzido a algo *peperasménon*, a algo determinado e relativo. Isso se cumpre de diferentes maneiras. Uma delas é pelo fechamento do conjunto de formas naturais ou culturais.

Quanto às formas naturais, é claro que não é possível, senão ilusoriamente, fechar o seu conjunto, quer dizer, impedir a produção de novas formas ou a extinção de formas antigas. Não se poderia, por exemplo, impedir a evolução das espécies. Entretanto, a ilusão do fechamento das formas naturais pode ser sustentada por muito tempo, pois em geral a "ordem do tempo" em que se torna perceptível a produção de novas formas naturais ou a extinção das antigas é lenta em relação à vida humana. Ademais, as novas formas se produzem a partir da determinação enclítica, ou melhor, parenclítica, exercida pelo indeterminado sobre as formas já determinadas, de modo que as novas formas se apresentam imediatamente como um desvio ou uma perversão das já existentes. De novo, o exemplo da evolução é esclarecedor: a nova espécie é tomada como uma monstruosidade, como uma exceção que não chega a alterar o conjunto constante de formas naturais. De qualquer maneira, a maior parte das culturas toma as formas naturais já existentes como eternas.

O caso das formas culturais é diferente. Normalmente, uma formação cultural particular, assim como cada um dos costumes, instituições e objetos de que ela se compõe, consiste em algo que foi construído, com grande sacrifício, contra a natureza. Trata-se de uma configuração constantemente ameaçada, em face da hostilidade da natureza, de outras culturas, dos seus conflitos internos e das tendências centrífugas dos indivíduos que a compõem. Não admira que, uma vez atingido algum equilíbrio, inevitavelmente precário, ela tenda a buscar manter-se idêntica a si mesma, evitando tudo o que possa desestabilizá-la: por exemplo, toda forma nova. Dado que toma as formas naturais como eternas, ela quer, portanto, identificar com elas as suas formas culturais, tentando "naturalizar" os seus costumes e instituições. Por isso, à medida que se encontre em seu poder fechar o conjunto das formas culturais admissíveis, ela o faz, classificando como "bárbara", proibindo ou mesmo tornando inconcebível a produção de qualquer forma que não considere natural. Do mesmo modo, séculos depois de Anaximandro, Platão, que, tendo horror à sociedade aberta de Atenas, da qual era cidadão, ansiava pela restauração de uma sociedade fechada como a da antiga Esparta, a de Creta ou a do Egito, que ele idealizava, explicou detalhadamente as medidas que deveriam ser tomadas, uma vez que tal sociedade fosse atingida, para evitar qualquer novidade. Referindo-se aos pensamentos humanos e às naturezas das almas (ψυχῶν φύσεις), ele diz que,

se forem cultivados por leis e se, por alguma fortuna divina, estas ficarem inalteradas por muitos e longos tempos, de modo que ninguém tenha lembrança nem jamais tenha ouvido falar de que elas tenham sido, algum dia, diferentes do que são agora, então a alma inteira as reverencia e teme mudar qualquer uma das coisas estabelecidas.[32]

Mas o fechamento do conjunto de formas naturais e culturais não é a única maneira de fazer que o determinado usurpe o lugar do absoluto, lugar que pertence ao indeterminado. Outra maneira é a das religiões monoteístas, como o judaísmo e, depois dele, o cristianismo e o islã, por exemplo, que transformam um deus pessoal e/ou um conjunto particular de prescrições, sancionadas por uma casta de sacerdotes ou uma Igreja, no absoluto. O platonismo faz algo equivalente a isso, na filosofia. Ora, os gregos não tomavam nenhum de seus deuses como absoluto, nem mesmo Zeus:

basta ler os poemas homéricos para verificá-lo. Anaximandro é capaz de conceituar o *ápeiron* porque, sendo culturalmente grego, está livre dessa idolatria monoteísta, mas a conhece bem, porque vive em Mileto, pólis na costa sul da Ásia Menor, cidade comercial jônica no centro — em ebulição política, econômica, religiosa, artística e científico-filosófica — do mundo do seu século.

Anaximandro diz que os entes "dão justiça e reparação uns aos outros pela injustiça, segundo a ordem do tempo". De fato, todo determinado, toda forma determinada, todo conjunto de formas determinadas é mortal precisamente na medida da sua determinidade. Assim, uma cultura, uma sociedade ou uma religião condenam-se à morte justamente na medida do seu fechamento, da sua tentativa de naturalizar e eternizar as formas de que se compõem, ou de pôr no lugar do absoluto, lugar que pertence ao indeterminado, algo determinado, logo, relativo, como um deus, seja qual for. Mas por que os entes dão justiça e reparação "uns aos outros"? Porque, enquanto determinado, qualquer ente é igualmente relativo. Logo, um ente que usurpe o lugar do absoluto está cometendo uma injustiça não só em relação ao indeterminado, mas em relação a todos os demais entes determinados. A forma (ou cultura, religião, deus etc.) determinada que ocupar o lugar do absoluto vai, por isso, prestar contas, em primeiro lugar, a outra forma (ou cultura, religião, deus etc.) determinada que, na ordem do tempo, seja capaz de destruí-la, por cobiçar o lugar em que aquela se encontra: e, que ao fazê-lo, estará a reproduzir a injustiça da primeira; injustiça pela qual, ao chegar a sua vez, na ordem do tempo, também pagará. O processo não terá fim até que o lugar do absoluto retorne ao indeterminado. Em suma, por direito, o absoluto é negativo.

Parece-me que, em última análise, todo o sentido da grande tradição tratadística da metafísica, da filosofia e da lógica moderna, de Descartes a Kant, tem sido, como o sentido da sentença de Anaximandro, precisamente o ato de afirmar e defender o caráter negativo do absoluto, de modo a impedir que ilusoriamente se ponha no seu lugar qualquer positividade, qualquer ente, qualquer forma, ideia ou poema concebível: significa impedir, portanto, que se ponha, no lugar do absoluto, qualquer princípio particular ou positivo que conteste a manifestação de outros princípios particulares ou positivos possíveis.

Toda construção intelectual faz uso da razão; porém esta não se reduz a nenhuma das suas construções intelectuais; a nenhum dos entendimentos que torna possíveis. Ela é sempre crítica também em relação a eles. A razão crítica representa, portanto, a defesa do direito de ser das mais diversas construções, formas, ideias e poemas. É esse o sentido da afirmação moderna do caráter em primeiro lugar crítico — logo, negativo — da razão. É para tanto que ela exerce o papel daquilo que Nietzsche chamava de "niilismo ativo", e que ele próprio julgava, em determinado momento, representar. Esse niilismo é sempre imprescindível à filosofia teórica, de modo que não devemos seguir Nietzsche, quando este fala de o ter superado. Nesse ponto, Adorno tem razão quando afirma que "as superações, mesmo a do niilismo, inclusive a nietzschiana, que, embora tendo tencionado outra coisa, deu palavras de ordem ao fascismo, são sempre piores do que aquilo que é superado".[33]

É verdade que, como pensa Heidegger, essa grande tradição tratadística — que, afinal, como vimos, remonta ao primeiro texto filosófico da tradição ocidental — basicamente ignora o que ele chama de "ser". É certo que assim seja: e penso que assim mesmo deve ser. O ser, no sentido heideggeriano, não é assunto da filosofia ou da lógica, mas da poesia e da arte. Não admira que o próprio Heidegger cada vez mais se tenha aproximado da arte e da poesia nos seus últimos escritos. O trabalho da filosofia não é tratar do ser, mas mostrar a necessidade de se salvaguardar a abertura do espaço em que a arte e a filosofia — as produções do espírito — livremente se dediquem ao ser.

Penso que foi por compreender isso que Guimarães Rosa, na sua entrevista a Günter Lorenz, afirmou que

> o idioma é a única porta para o infinito, mas infelizmente está oculto sob montanhas de cinzas. Daí resulta que tenha de limpá-lo, e, como é a expressão da vida, sou eu o responsável por ele, pelo que devo constantemente *umsorgen* (cuidar). Soa a Heidegger, não? Ele construiu toda uma filosofia muito estranha, baseado em sua sensibilidade para com a língua, mas teria feito melhor contentando-se com a língua.[34]

O ser humano e o pós-humano[*]

No espírito do historicismo de Herder, ainda no século XIX, Joseph de Maistre escreveu que "não há homem no mundo. Vi em minha vida franceses, italianos, russos. Sei até, graças a Montesquieu, que se pode ser persa; mas, quanto ao homem, declaro nunca o ter encontrado; se ele existe, ignoro".[1] No século XX, ficou igualmente famosa a declaração de Foucault — que poderia ter sido subscrita por grande parte dos pensadores estruturalistas e pós-estruturalistas — de que "o homem é uma invenção, e uma invenção recente, tal como a arqueologia do nosso pensamento o mostra facilmente. E talvez ela nos indique também o seu próximo fim".[2] Segundo Foucault, Nietzsche, tendo constatado a morte de Deus, mostrou que a ela não correspondia o aparecimento, mas o desaparecimento do homem.

Considera-se que a "morte do homem" corresponde ao fim da "metafísica moderna". Para entendê-lo, devemos lembrar que,

---

[*] Palestra proferida a 30 de abril de 2009 e texto originalmente publicado em Adauto Novaes (Org.), *A condição humana: As aventuras do homem em tempos de mutações*. Rio de Janeiro: Agir; São Paulo: Edições Sesc, 2009.

no fundo, quase todos os pensadores pós-estruturalistas poderiam também ser chamados de neo-heideggerianos. O próprio Foucault declarava sem rodeios que, para ele, Heidegger sempre foi o filósofo essencial e que provavelmente nem sequer teria lido Nietzsche se não tivesse antes lido Heidegger. De fato, se o homem cuja morte — recente ou iminente — Foucault celebra é o sujeito empírico--transcendental, ele é exatamente aquele que, para Heidegger, constitui o núcleo da metafísica moderna.

Se, de acordo com Heidegger, a metafísica antiga tinha efetivamente esquecido o ser, ao reduzi-lo a um ente fundamental ou supremo, a metafísica moderna completara esse esquecimento, ao transformar o homem no único sujeito. "O homem", diz Heidegger, "torna-se aquele ente sobre o qual todo ente se funda, no modo do seu ser e da sua verdade."[3] Com isso, "o ente na sua totalidade é tomado de tal maneira que só é ente na medida em que é posto como tal pelo homem que o representa e produz".[4] O ente na sua totalidade passa a ser mero objeto relativo a esse sujeito. A verdade se reduz à certeza. É como meros instrumentos da vontade do sujeito que todos os entes — inclusive os humanos — passam a ser encarados. Nietzsche, cujo pensamento Heidegger considera a manifestação última da metafísica moderna da subjetividade, toma essa vontade como pura vontade de poder e, em última análise, como vontade de vontade.

Para Heidegger, a essência da tecnologia, que é o modo de desvelamento do ser que corresponde a essa metafísica da subjetividade, consiste em *Gestell*, algo como um "dispositivo" ou (se me permitem o neologismo) um "disposicionamento" que, longe de ser controlado pelos seres humanos, tende a transformá-los em meros meios para os seus desdobramentos intrínsecos. A morte do homem e o fim do sujeito empírico-transcendental seriam, portanto, correlatos do esgotamento da metafísica — ou melhor, da filosofia — moderna, que é também a filosofia crítica.

Hoje, tanto as dimensões do complexo tecnológico-científico-industrial quanto o seu papel econômico e militar dão, prima facie, razão às preocupações de Heidegger. Além disso, os progressos da biotecnologia conferem uma nova e grave dimensão ao problema, pois permitem contemplar a eventual mutação da própria espécie humana. Não se pode afastar o pesadelo de que uma biotecnocracia seja tentada a representar o papel da "raça mestra" com que às vezes sonhava Nietzsche. De fato, alguns momentos da obra do autor de *Assim falou Zaratustra* permitem-nos perceber uma clara articulação entre a vontade de poder e algo como o disposicionamento de que fala Heidegger. Consideremos, por exemplo, o fragmento de nº 960 da obra póstuma de Nietzsche, que diz:

> Haverá de agora em diante condições favoráveis para formações mais amplas de dominação, tais como jamais existiram. E isto não é o principal: tornou-se possível o surgimento de associações internacionais de procriação que se proporão à tarefa de criar (*heraufzuzüchten*) uma raça mestra, as futuras "mestras da terra"; uma aristocracia nova, gigantesca, baseada na mais severa autolegislação, em que a vontade de homens filosóficos de poder e artistas-tiranos se fará durante milênios — uma espécie superior de seres humanos que, graças à sua preponderância em vontade, saber, riqueza e influência, se servirão da Europa democrática como de seu instrumento mais dócil e flexível para tomar nas mãos o destino da terra, de maneira a moldar, como artistas, o próprio "ser humano". Basta: vem aí o tempo em que será necessário reaprender a política.[5]

Quanto mais se relê este texto, menos claro ele fica, mas o que parece dizer é que, em breve, uma associação internacional dedicada ao que hoje chamaríamos de "engenharia genética" criará uma raça superior que, por sua vez, moldará à vontade o próprio ser humano: sendo que a expressão "ser humano" se encontra entre aspas. Por quê? Talvez porque o que assim for criado já não seja humano, mas super-humano. Ou então porque, em relação a esse super-homem, o ser humano não passará de uma espécie de macaco. Nesse ponto, como não lembrar o trecho de *Assim falou Zaratustra* que introduz o super-homem? Ele diz:

> Ensino-vos o super-homem. O homem é algo que deve ser superado. Que fizestes para superá-lo? Todos os seres até hoje criaram algo acima de si: e quereis ser o refluxo desse grande fluxo e preferis regredir ao animal a superar o homem? Que é o macaco para o homem? Uma gargalhada ou um constrangimento. E justo isso deve o homem ser para o super-homem: uma gargalhada ou um constrangimento. Caminhastes da minhoca até o homem e muito em vós ainda é minhoca. Uma vez fostes macacos, e ainda agora o homem é mais macaco que qualquer macaco.[6]

Mas volto ao primeiro texto. O que o torna inaceitável em nossa época é, primeiro, que saúda não só a ideia de uma "raça dominante", mas de uma *espécie* superior; e, segundo, o fato de que, em nossos dias, a engenharia genética realmente abriu a possibilidade de que, num futuro não muito remoto, sejam alteradas as características da espécie humana, isto é, de que seja alterada a própria espécie humana. Estará o ser humano condenado a ser o macaco do super-homem criado por ele mesmo?

Recentemente, o cientista político norte-americano Francis Fukuyama,[7] no seu livro *Nosso futuro pós-humano: Consequências da revolução da biotecnologia*,[8] expôs concretamente alguns dos problemas com que nos confrontamos hoje, em consequência da biotecnologia. Segundo ele, todo o peso da tecnologia moderna poderá ser posto a serviço da otimização dos tipos de gene que as pessoas transmitem às suas proles. Isso significa que as elites sociais poderão não só transmitir vantagens sociais como implantá-las geneticamente também. Isso poderá incluir um dia não apenas características como inteligência e beleza, mas traços comportamentais como diligência, competitividade e assim por diante.[9]

Fukuyama observa que é concebível que os beneficiários de tais manipulações genéticas se considerem aristocratas: e, o que é mais grave, ao contrário do que ocorria com a antiga nobreza, "sua pretensão a um nascimento melhor será enraizada na natureza e não na convenção".[10]

Ele sustenta que tais desenvolvimentos

> porão em xeque noções afetuosamente cultivadas de igualdade humana e da faculdade de escolha moral do homem; darão às sociedades novas técnicas para o controle do comportamento de seus cidadãos; mudarão nossa compreensão da personalidade e da identidade humanas; derrubarão hierarquias sociais existentes e alterarão o ritmo do progresso intelectual, material e político; e afetarão o caráter da política global.[11]

A partir desse quadro, Fukuyama se sente autorizado para afirmar que a engenharia genética poderá alterar a própria natureza humana. Ele não somente acredita na existência de uma natureza humana, mas afirma que se trata de "alguma qualidade essencial que sempre sustentou nosso senso do que somos e de para onde estamos indo, apesar de todas as mudanças evidentes que ocorreram na condição humana no curso da história".[12] E pensa que, se ignorarmos o que é essa essência, corremos o risco de perdê-la sem sequer nos darmos conta de que perdemos algo de grande valor. "O que está em jogo em última análise com a biotecnologia", diz, "não é apenas um *cálculo* utilitário de custo-benefício relativo a futuras tecnologias médicas, mas a própria fundamentação do senso moral humano, que tem sido uma constante desde que há seres humanos."[13] Além disso, segundo Fukuyama, é também na natureza humana que se fundamentam os direitos humanos.[14]

Fukuyama define a natureza humana como "a soma do comportamento e das características que são típicos da espécie humana, originando-se de fatores genéticos em vez de ambientais".[15] Sendo assim, sugere que eles poderiam ser determinados estatisticamente. Em suma, Fukuyama propõe determinar qual é a natureza humana a partir do comportamento normal dos homens.

Ora, não há tal comportamento normal, na humanidade como um todo. Lembro que Aristóteles (que, aliás, Fukuyama cita como seu modelo) tentou determinar a natureza humana por um método semelhante. "Devemos examinar o que é natural", dizia o filósofo grego, "nos entes que existem de modo natural, e não nos corruptos."[16] Trata-se de um raciocínio curiosamente circular, pois, para saber que algo ou alguém existe de modo natural, é preciso saber o que lhe é natural.

Para Aristóteles, isso se resolve da seguinte maneira. Sua metafísica supõe que todos os entes naturais sejam compostos de matéria e forma. A forma existe desde sempre, e determina a causa final de cada ente. O ente que existe de modo natural se comporta de acordo com as determinações dessa forma. A palavra para "forma", *eidos*, também significa "espécie". Só os entes corruptos — que são exceções — se comportam de modo diferente da maior parte dos entes da mesma forma ou espécie, isto é, de modo anormal. Para saber o que é natural para um ente, portanto, basta saber, por meio da observação, o que é normal para a sua espécie. Assim, é pela observação do normal que Aristóteles determina o que é natural para cada ente. O resultado é que ele se permite, por exemplo, dizer que o natural é que a alma governe o corpo; a inteligência, os apetites; o homem, os animais; o macho, a fêmea, e o senhor, o escravo.

Para nós, modernos, mesmo aquilo que não é desde logo inaceitável, nesse esquema, é extremamente questionável. Aristóteles apenas tentou "naturalizar" traços da cultura grega do seu tempo. O problema, como hoje sabemos melhor que nunca, é que o normal para uma cultura pode não o ser para outra; o normal numa época pode não ser normal noutra; e o que sempre foi normal pode deixar de sê-lo amanhã.

A verdade é que para nós, modernos, o próprio empreendimento da busca do natural no homem carece de sentido. Ainda que existisse — o que é extremamente discutível — uma natureza humana positiva que fosse menos trivial do que as funções fisiológicas, e que conseguíssemos descrevê-la, de que modo isso nos daria uma base para nosso senso moral e nosso direito? Seria por nos persuadir de que devíamos comportar-nos de acordo com ela? Mas se fosse possível o contrário, isto é, se fosse possível nos comportarmos *contra* a natureza humana que houvéssemos assim determinado, então não julgaríamos errado o nosso comportamento, mas a nossa concepção da natureza humana, por não ter sido suficientemente universal. Com toda razão, Montaigne já afirmava que "chamamos contra a natureza o que é contra o costume. Nada existe que, seja lá o que for, não seja conforme a ela. Que essa razão universal e natural expulse de nós o erro e o espanto que a novidade nos traz".[17]

As leis da natureza, que são descritivas, isto é, que dizem o que realmente acontece, não devem ser confundidas com as leis humanas, que são prescritivas, isto é, dizem o que deve (ou não deve) ser feito. A lei da gravidade, por exemplo, não diz que todos os corpos que têm massa devem atrair-se de determinado modo, mas que se atraem desse modo. Se for descoberto que determinados corpos têm massa e, no entanto, não se atraem do modo previsto, não serão esses corpos que estarão errados, mas a lei da gravidade. Assim também, se, por exemplo, uma "lei natural" diz que os indivíduos do mesmo sexo não sentem atração erótica uns pelos outros, basta abrir os olhos para ver que essa "lei" está errada, ou melhor, não é lei, não existe.

De todo modo, para nós, modernos, o simplesmente normal deixou de ser normativo. Assim, não consideramos normais nem corruptas as concepções filosóficas, as teorias científicas, as obras de arte ou os criadores — por exemplo, Goethe, Picasso, Einstein, Pessoa ou João Gilberto — que realmente admiramos. O "gênio" é tudo para nós, menos normal.

Mais ainda: a verdade é que a teoria da evolução mostrou que a própria natureza não consiste em algo fixo de uma vez por todas, mas se encontra em transformação. As espécies biológicas mesmas não têm "natureza" eterna, mas estão em incessante evolução. Isso significa que não se pode considerar natural exclusivamente a constituição física ou o comportamento "normal", isto é, tradicional. Uma espécie nova surge exatamente a partir das mutações — da "degeneração" — de uma espécie antiga. O indivíduo que, por ser portador de uma mutação, está sujeito a ser considerado uma monstruosidade talvez seja o limiar de uma nova espécie.

O ser humano é o produto de tais mutações, e sua maior novidade consiste em que não apenas a espécie humana, mas cada espécime humano, é infinitamente capaz de mudar a si próprio, capaz de experimentar o que nunca antes se experimentou, capaz de criar o que nunca antes existiu. Toda invenção, toda arte, toda técnica, toda cultura podem ser consideradas o resultado da transformação — poderíamos dizer, da perversão — da natureza pelo homem. O primeiro antropoide a se erguer e usar as patas dianteiras como mãos — abrindo caminho para a aventura humana — estava pervertendo a função "natural" desses membros.

Não é lícito, portanto, invocar a "natureza" para justificar — ou para condenar — tais ou quais comportamentos, atos ou instituições. Nenhuma determinação positiva da natureza humana pode ter qualquer efeito normativo. Pior: na realidade, tal determinação é inconcebível, pois, seja qual for, não há como, em princípio, excluir a possibilidade de que acabe por se revelar limitada, de modo que venha a ser negada ou superada pelos próprios homens. Ademais, é sempre possível pensar, como Nietzsche, que "o homem é algo que deve ser superado".

Voltando a Fukuyama, a verdade é que, mesmo tendo proposto descrever qual é a natureza humana por meio da determinação do que é estatisticamente normal, ele não vai muito longe por esse caminho. Entretanto, a própria postulação da existência de uma natureza humana positiva acaba tendo consequências questionáveis. Ela o leva, por exemplo, a especular sobre essa natureza a partir de suposições sobre a evolução humana, de modo que Fukuyama se sente autorizado a afirmar, por exemplo, que

> os seres humanos foram moldados pela evolução para serem criaturas sociais que buscam naturalmente inserir-se num sem-número de relações comunais. [...] Os seres humanos encontram também satisfação no fato de que os valores e normas são partilhados. Valores solipsisticamente mantidos frustram seus próprios propósitos e levam a uma sociedade extremamente perturbada em que as pessoas são incapazes de trabalhar juntas por fins comuns.[18]

Não deixa de ser uma crença conveniente para um autor que num livro anterior, chamado *Trust* [Confiança], defende a importância econômica do comunitarismo tradicionalista contra as tendências, que considera deletérias, do individualismo contemporâneo. E um uso ainda mais claramente ideológico da noção de "natureza humana" em combinação com extrapolações evolucionistas se manifesta quando, por exemplo, ele afirma que a natureza humana

> serve também para nos orientar quanto a ordens políticas que não funcionarão. A compreensão adequada da teoria evolucionária contemporânea da seleção de parentes consanguíneos, ou da aptidão inclusiva, por exemplo, nos teria levado a prever a falência e a derrocada final do comunismo, dado seu desrespeito à inclinação natural a favorecer parentes consanguíneos e à propriedade privada.[19]

No fundo, só nos resta concluir que Fukuyama recorre à noção de "natureza humana" para promover alguns comportamentos e desmerecer outros. Não é, portanto, que ele estabeleça valores a partir do conhecimento da "natureza humana", mas que decida do que trata esse conceito a partir dos valores que pretende promover. Como Foucault observou em seu famoso debate com Chomsky sobre essa questão, é grande o risco, quando se supõe que exista certa natureza humana, de defini-la com termos tomados de empréstimo à nossa sociedade.[20]

Fukuyama, como já foi dito, considera que é na natureza humana que se fundamentam os direitos humanos. Ora, como vimos, não é possível determinar em que consistiria uma natureza humana positiva. Sendo assim, encontramo-nos diante de três possibilidades. A primeira é prescindir dos direitos humanos. A segunda é conservar os direitos humanos, mas prescindir de uma fundamentação desses direitos. A terceira é fundamentá-los sem recurso ao conceito de natureza humana.

Consideremos a primeira possibilidade. Caso tenhamos que prescindir dos direitos humanos, não vemos a partir de que princípios ou de que fins será, por exemplo, possível ou desejável submeter a tecnologia ou sua aplicação a maior controle social. É evidente que não seria possível fazê-lo por força de considerações puramente utilitárias. Afinal, as considerações utilitárias fazem parte da instrumentalização dos entes que produz a própria biotecnologia. Caso tenhamos que prescindir dos direitos humanos, portanto, estaremos impotentemente expostos à eventualidade de que se torne real o pesadelo da "raça mestra" e da "espécie superior" de que fala Nietzsche no fragmento póstumo anteriormente citado.

A segunda possibilidade — conservar os direitos humanos, mas prescindir da sua fundamentação — é que, de maneira geral, os filósofos que chamei de "neo-heideggerianos", tais como Rorty, Derrida e Foucault, adotaram. Penso que esse antifundacionismo é insustentável. Tomemos o caso de Foucault.

A verdade é que as questões de fundamentação sempre estiveram fora do âmbito crítico das preocupações de Foucault. Não admira, portanto, que ele jamais tenha se interessado pela fundamentação dos direitos humanos ou do direito em geral. Na verdade, ele jamais chegou a se interessar seriamente sequer pelo sujeito do direito. Em 1969, ele afirmava que a morte do homem, que havia sido anunciada em *As palavras e as coisas*, era apenas uma das formas visíveis de um falecimento muito mais geral, que havia sido "o do sujeito, o do Sujeito maiúsculo, do sujeito como origem e fundamento do Saber, da Liberdade, da Linguagem e da História".[21] Trata-se do sujeito empírico-transcendental, tal como concebido por Kant. Em 1984, ao redigir um verbete sobre si próprio para o *Dictionnaire des philosophes*, Foucault declara que seu empreendimento filosófico sempre foi o de investigar "quais são os processos de subjetivação e de objetivação que tornam possível para o sujeito tornar-se, enquanto sujeito, objeto do conhecimento".[22]

Para nossos propósitos, podem distinguir-se dois momentos nessa investigação. O primeiro, anterior aos seus cursos no Collège de France de 1981-82 sobre a hermenêutica do sujeito, compreende tanto as obras "arqueológicas" quanto as "genealógicas" de Foucault. Nele, a subjetividade aparece como efeito de determinadas estruturas. "O que torna o homem possível", pensava Foucault, "é no fundo um conjunto de estruturas, estruturas que ele pode certamente pensar e descrever, mas das quais ele não é o sujeito, ou a consciência soberana."[23] Em 1976, ele dizia que enquanto, por um lado, o modelo jurídico da soberania pressupunha o indivíduo como sujeito de direitos naturais ou de poderes primitivos, fazendo da lei a manifestação fundamental do poder, era preciso, por outro, estudar o poder a partir da própria relação de poder, pois é ela que determina os elementos a que se refere. "Em vez de perguntar a sujeitos ideais o que puderam ceder de si mesmos ou de seus poderes para se deixar assujeitar, é preciso pesquisar como as relações de assujeição podem fabricar sujeitos."[24] E, em 1977, ele afirmava que era preciso ver o direito não do ponto de vista de uma legitimidade a ser fixada, mas do ponto de vista dos procedimentos de assujeição que ele aciona.[25]

No segundo momento, a partir dos cursos sobre a hermenêutica do sujeito, Foucault se dedica a investigar o que chama o *"souci de soi"* ou "cuidado de si", tradução da expressão grega *epimeleia heautou*.[26] Trata-se de uma preocupação que ele encontra na Antiguidade, em Platão e entre os filósofos estoicos, cínicos, epicúrios, neoplatônicos etc. Ela parte do postulado de que a verdade não é dada ao sujeito como simples ato cognitivo. Para ter acesso a ela, o sujeito precisa se transformar — se converter — por meio de um longo trabalho de ascese. A verdade que se alcança por intermédio desse esforço retorna ao sujeito como uma iluminação: ela lhe proporciona a beatitude e a tranquilidade da alma. É essa relação com a verdade que Foucault chama de "espiritualidade".

Pois bem, segundo ele, a espiritualidade foi esquecida (embora não totalmente, é claro) no mundo moderno em consequência daquilo que denomina (com muitas ressalvas) "o momento cartesiano". "Entrou-se na idade moderna", diz Foucault, "no dia em que se admitiu que o que dá acesso à verdade, as condições segundo as quais o sujeito pode ter acesso à verdade, é o conhecimento, e somente o conhecimento."[27] Assim,

> se a espiritualidade é definida como sendo a forma das práticas que postulam que, tal como é, o sujeito não é capaz de verdade mas que, tal como é, a verdade é capaz de transfigurar e de salvar o sujeito, diremos que a idade moderna das relações entre sujeito e verdade começa no dia em que postulamos que, tal como é, o sujeito é capaz de verdade mas que, tal como é, a verdade não é capaz de salvar o sujeito.[28]

É evidente que nem o sujeito assujeitado e passivo das investigações arqueológicas e genealógicas nem o sujeito destituído de espiritualidade da idade moderna interessam a Foucault como sujeitos de direitos. Quanto ao sujeito dedicado ao cuidado de si, trata-se sem dúvida, como, aliás, entre os estoicos, cínicos, epicúrios e neoplatônicos que Foucault menciona, de um sujeito ético ou estético, mas não de um sujeito de direitos.

Mas voltemos a um ponto mais fundamental. Segundo esse esquema, a modernidade filosófica consiste na perda da espiritualidade. Ora, tanto a própria palavra "espiritualidade" quanto o modo em que seu sentido é determinado por Foucault — como um processo que inclui ascese, conversão, transfiguração, iluminação, beatificação pela descoberta da verdade — remetem-nos à religião.

Com efeito, os cursos sobre a hermenêutica do sujeito são de 1981 e 1982. Em 1980, lembrando-se de sua estadia na Tunísia, em 1968, Foucault também fala de espiritualidade:

O que, no mundo atual, pode suscitar em um indivíduo a vontade, o gosto, a capacidade e a possibilidade de um sacrifício absoluto? Sem que se possa suspeitar nisso a menor ambição ou o menor desejo de poder e de lucro? É o que vi na Tunísia, a evidência da necessidade do mito, de uma espiritualidade, o caráter intolerável de certas situações produzidas pelo capitalismo, o colonialismo e o neocolonialismo.[29]

O sacrifício absoluto, o mito e a espiritualidade formam uma ponte com a "Revolução Iraniana" que justamente, segundo Foucault, em 1978, tentava "abrir na política uma dimensão espiritual".[30] Trata-se de uma coisa, comenta ele, "de cuja possibilidade nós, nós outros [os ocidentais], esquecemos desde a Renascença e as grandes crises do cristianismo: uma espiritualidade política".[31] A Revolução Iraniana era, segundo ele, "atravessada pelo sopro de uma religião que fala menos do além que da transfiguração deste mundo aqui".[32] Creio que ele tem razão. Esse é o problema. Como, nessa mesma época, observou Maxime Rodinson, importante especialista no islã:

Mesmo um fundamentalismo islâmico mínimo exigiria, segundo o Alcorão, que as mãos de ladrões fossem cortadas e que a partilha da mulher na herança fosse cortada pela metade. Se houver um retorno à tradição, como os religiosos querem, então será necessário chicotear aquele que beber vinho e chicotear ou lapidar o adúltero. Nada será mais perigoso que a acusação venerável: meu adversário é um inimigo de Deus.[33]

Como é possível que Foucault tenha ignorado essa realidade, sem falar na realidade da opressão das mulheres, na censura à imprensa, na prisão de dissidentes, na execução de apóstatas e homossexuais etc.? Isso é surpreendente quando se leva em conta que, segundo ele mesmo, o seu papel era "mostrar às pessoas que elas são muito mais livres do que pensam: que têm por verdadeiros e evidentes certos temas que foram fabricados num momento particular da história, e que essa pretensa evidência pode ser criticada e destruída".[34] Penso que Foucault conseguia minimizar esses desrespeitos aos direitos humanos no Irã por já tê-los relativizado de antemão. Para ele, os iranianos "não têm o mesmo regime de verdade que nós". E ele observa que o nosso regime de verdade, aliás, "é bem particular, embora se tenha tornado quase universal".[35] Foucault pensa que

> cada sociedade tem seu regime de verdade, sua política geral da verdade: quer dizer, os tipos de discurso que ela colhe e faz funcionar como verdadeiros; os mecanismos e as instâncias que permitem distinguir os enunciados verdadeiros ou falsos, a maneira pela qual sanciona uns e outros; as técnicas e os procedimentos que são valorizados para a obtenção da verdade; o estatuto dos que são encarregados de dizer o que funciona como verdadeiro.[36]

Aqui fica evidente o parentesco de Foucault com o romantismo alemão. Este, como se sabe, surgiu em grande parte como reação contra o Iluminismo e a Revolução Francesa. Antes mesmo da Revolução, Herder havia produzido o conceito de *Volksgeist* (espírito do povo). Nele se inspiram o romantismo e o historicismo, cuja motivação primeira é a crítica às abstrações racionalistas do Iluminismo. Com isso, buscam proteger-se do que é tido como o julgamento soberbo e inescrupulosamente reducionista da razão cosmopolita às particularidades nacionais e locais, que consideram se encontrarem objetivadas em instituições e idiomas peculiares e delicados, produtos imemoriais de processos complexos e supraindividuais.

Se, pensam eles, cada nação resulta de uma irrepetível combinação histórica de fatores tais quais raça, língua, religião, tradições, costumes, direitos etc., então como poderíamos julgá-la segundo padrões idênticos aos de outras nações, deitá-la sobre a mesma cama de Procusto, propor a todos os homens os mesmos direitos e deveres? Nada lhes parece mais impertinente do que julgar toda tradição, toda religião, todo mito, toda poesia, todo passado, todo direito como simplesmente falsos à luz fria de uma razão prosaica, farisaica, plebeia e arrogante. Afirma-se, assim, que uma nação, uma religião, um conjunto de leis costumárias ou uma época não podem ser conhecidos de fora para dentro: é preciso pertencer-lhes para conhecê-los. Desse modo, cada época e cada *Gemeischaft* teriam a sua verdade irredutível e insondável. Uma verdade cosmopolita não passaria de uma verdade empobrecida, pedestre, superficial, impotente.

Não é difícil ver como desse caldo — onde se originam as distinções, fundamentais para a sociologia, entre *comunidade* e *sociedade, compreender* e *explicar* etc. — surge também um relativismo histórico de acordo com o qual não há verdade ou valor absoluto. Segundo essa concepção, seria ilusão considerar nossas verdades e nossos valores ou direitos superiores aos de qualquer outro povo. Todas as ideias e valores seriam produtos de uma época histórica dada e de uma cultura particular nacional ou regional e não valeriam fora do âmbito em que foram produzidos. Assim, Savigny critica o hábito de "considerar como humano em geral tudo o que é peculiaridade nossa".[37] O direito natural — isto é, o direito de todos os homens, independentemente da história, isto é, os direitos humanos — não passaria do resultado anêmico de abstrações: meras ficções a pretender sobrepor-se à diversidade concreta dos direitos consuetudinários.

Contra a razão desenraizada e considerada estéril, Friedrich Meinecke, por exemplo, veio a afirmar a irrazão criadora (*die schöpferische Unvernunft*). Aqui tocamos num ponto importante. O alvo principal do historicismo e do romantismo não é o *mate-*

rialismo — ao contrário do que vulgarmente se crê —, mas o *abs-tracionismo*, isto é, o *caráter desencarnado* da filosofia da Ilustração. Assim, à razão pura são opostos o instinto, as forças vitais, o organismo. Torna-se objeto de escárnio do historicismo o putativo otimismo *naïf* da Ilustração, que acreditaria na lei natural, no poder da razão, na perfectibilidade do homem, no próprio homem, assim como no cidadão abstrato da Declaração dos Direitos do Homem e do Cidadão, de 1789, no progresso infinito, no nobre selvagem etc. Pretensamente mais realistas, o historicismo e o romantismo sabem que a razão é a escrava das paixões.

Percebe-se aqui a mesma tentativa de relativizar a razão, a verdade, o homem etc. que se encontram em Foucault. Sem dúvida, a intenção original de Foucault era inteiramente diferente da dos românticos. Estes, ao enfatizar a historicidade, pretendem mostrar a inescapabilidade do pertencimento a determinada comunidade e tradição. Foucault, ao contrário, enfatiza a historicidade para "sublinhar o caráter arbitrário das instituições e nos mostrar de que espaço de liberdade ainda dispomos, quais são as mudanças que podem ainda se efetuar".[38] Isso é certamente o que ele tencionava fazer nas suas investigações "arqueológicas" e "genealógicas" do Ocidente, ou melhor, da modernidade. A verdade, porém, é que o relativismo que inevitavelmente acompanha o historicismo presta-se melhor às finalidades dos românticos do que às de Foucault. É assim que ele está totalmente resguardado contra o perigo do abuso da política dos direitos humanos, e totalmente desguardado quanto às consequências da aplicação da Xaria no Irã.[39]

As suposições de que há diferentes "regimes de verdade" irredutíveis uns aos outros (como, de maneira geral, a suposição de diferentes "epistemes" ou "a priori históricos" irredutíveis e incomensuráveis uns aos outros) e de que o nosso regime de verdade, sendo apenas um entre outros, não tem privilégio nenhum em relação aos demais conduzem a autocontradições performativas jamais adequadamente enfrentadas por Foucault. Por exemplo, se não temos o direito de julgar as verdades dos iranianos porque eles têm um diferente regime de verdade, então não temos sequer o direito de afirmar que eles têm um diferente regime de verdade: principalmente se levarmos em conta que, a partir do seu próprio regime de verdade, os iranianos não reconhecem a "verdade" de que o seu regime de verdade seja diferente do nosso: ou mesmo de que existam diferentes regimes de verdade.[40]

De todo modo, é claro que para Foucault o regime de verdade da espiritualidade é inteiramente distinto do regime de verdade da modernidade. Desfazendo a distinção que estabelecera em *Histoire de la folie* entre a episteme clássica e a moderna, vimos que Foucault passa, na sua última fase, a descrever a modernidade filosófica como um "momento cartesiano". Isso parece atestar a influência que sofreu de Heidegger, para quem "toda a metafísica moderna [*neuzeitliche*], inclusive Nietzsche, mantém-se na interpretação do ser e da verdade instaurada por Descartes".[41] Creio que nesse ponto eles estão certos, se tivermos em mente não tanto a letra quanto a tendência mais profunda — que no entanto o "pai da filosofia moderna" nem sempre seguiu — do seu pensamento. A respeito disso, Heidegger observa com razão que "a consciência histórica da questão autêntica deve esforçar-se por pensar o sentido que Descartes mesmo tencionou para suas proposições e conceitos, mesmo quando para tanto se torne necessário traduzir os enunciados dele mesmo para outra 'língua'".[42]

Tendo isso em mente, examinemos a comparação que Foucault faz da espiritualidade com o momento cartesiano ou a modernidade. Como vimos, segundo ele, por um lado a espiritualidade parte do postulado de que a verdade não é dada ao sujeito como simples ato cognitivo, de modo que, para ter acesso a ela, o sujeito precisa se transformar — se converter — através de um longo trabalho de ascese; por outro, a modernidade parte do postulado de que o que dá acesso à verdade é o conhecimento, e somente o conhecimento.

A presença de Nietzsche no modo de pensar de Foucault se manifesta tanto no fato de que essas descrições são claramente valorativas quanto no de que desvalorizam a modernidade. Esta é por ele descrita como uma perda: a perda da espiritualidade. A modernidade é desvalorizada também ao ser apresentada como apenas um momento particular da história entre outros: o "momento cartesiano". Aliás, a história dos equívocos de Foucault em relação a Descartes é bem conhecida. Lembro as duas mais importantes. Em *Histoire de la folie*, ele erroneamente supõe que, ao considerar as razões que tinha para duvidar, Descartes houvesse a priori excluído a possibilidade de estar louco: o que marcaria a cesura, constitutiva da episteme clássica, entre razão e não razão.[43] Como se sabe, Derrida mostrou de tal modo o erro dessa suposição (na verdade, evidente para qualquer um que tenha lido seriamente Descartes) que as réplicas de Foucault, como não podia deixar de ser, foram inteiramente insatisfatórias.[44] Mais tarde, em *As palavras e as coisas*, ele admite que o *cogito* pressupõe a urdidura entre representação e ser, característica da episteme clássica. De novo, basta a leitura cuidadosa da *Segunda meditação* de Descartes para ver que nenhuma conexão entre representação e ser é por ela implicada.[45]

Pois bem, Foucault fala do mesmo modo do "postulado" da modernidade e do "postulado" da espiritualidade. Postulados são, na tradição filosófica, premissas não universalmente admitidas, em oposição a axiomas, que são premissas universalmente admitidas. Foucault pressupõe, assim, que tanto a modernidade quanto a espiritualidade se baseiam igualmente em premissas não universalmente admitidas. Ora, supor que, para ter acesso à verdade — isto é, para conhecer a verdade —, o sujeito precise se transformar ou se converter é certamente um postulado, pois não se trata de algo universalmente admitido. Por sua vez, supor que seja o conhecimento que dá acesso à verdade, isto é, que a conhece, é uma tautologia, logo, um axioma. É até possível supor-se que não há conhecimento, ou que não há conhecimento de verdade, mas, caso se suponha que há tal conhecimento, trata-se daquilo que dá acesso à verdade. Mesmo quem supõe que o sujeito precisa se transformar ou se converter para conhecer a verdade necessariamente supõe que é o conhecimento — obtido através dessa transformação ou conversão — que lhe dá acesso à verdade.

Ao contrário do que Foucault sugere, a modernidade filosófica se funda em Descartes justamente com o questionamento radical de todos os postulados através da dúvida hiperbólica. Curiosamente, ao citar apenas Aristóteles e a gnose como exceções à espiritualidade dos antigos,[46] Foucault se esquece do ceticismo. Sextus Empiricus, por exemplo, não é sequer citado em *L'Herméneutique du sujet*. Pois bem, é com essa tradição antiga que Descartes e, com ele, a modernidade mais claramente reatam.

O que Descartes fez foi radicalizar o ceticismo — já existente no cruzamento espaço-temporal que foi a Europa do século XVI, ocasionado pela observação do choque e da erosão recíproca das diferentes crenças — e transformá-lo em método para superar o próprio ceticismo. Pensemos no sentido do *cogito*, levado às últimas consequências. Antes do *cogito* vem a "dúvida hiperbólica", o *dubito*. Resolvo — seja quem eu for — livrar-me de todas as opiniões de que possa ter a mais leve razão para duvidar, a fim de ver se, ao cabo desse procedimento, resta alguma certeza de que absolutamente não consiga duvidar. Caso seja possível consistentemente (isto é, sem incorrer em autocontradição) negar a verdade de alguma opinião, então ela é capaz de não ser verdadeira: logo, é incerta. Pois bem, metodicamente experimento negar a verdade de todas as minhas opiniões. A dificuldade disso é que seria uma tarefa infinita submeter cada uma das minhas opiniões ao teste da negação. Em vez de fazê-lo, porém, posso tomar um atalho. Uma vez que, "solapados os fundamentos, rui espontaneamente o que quer que sobre eles se encontre edificado",[47] basta-me questionar os juízos existenciais. "A dúvida", como explica Lévy-Bruhl, "atinge todas as proposições que afirmam algo fora do nosso pensamento; ela não diz respeito às essências, mas somente às existências."[48]

Assim, seja quem eu for, sou capaz de consistentemente negar a existência de Deus, a existência do mundo, a existência de cada uma das coisas que se encontram no mundo, a existência do meu próprio corpo. Posso consistentemente negar a existência de qualquer positividade que se apresente à minha consideração. Com efeito, é analiticamente verdadeira a proposição segundo a qual é possível consistentemente negar a existência de qualquer objeto definido ou determinado. Isso não significa necessariamente que esses objetos determinados não existam, mas que tanto é possível que existam quanto que não existam. A existência de tais objetos é contingente e relativa. Contudo, o *cogito*, como se sabe, estabelece um limite à negação. Se nego ou duvido, penso: e se penso, sou.

A certeza absoluta quanto ao ser do pensamento corresponde à certeza absoluta quanto à incerteza do ser de todos os objetos determinados do pensamento. Essa segunda certeza — a certeza da incerteza — obriga o homem moderno a reconhecer o caráter contingente e relativo de todo conhecimento positivo. É possível dizer que o homem moderno é o homem que viu desabarem, ao sopro da razão, todos os castelos de cartas das crenças tradicionais: o homem que caiu em si. Em última análise, é isso que o obriga a instaurar, por exemplo, a ciência e os procedimentos jurídicos modernos como processos abertos à razão crítica, públicos, e cujos resultados estão sempre, em princípio, sujeitos a serem revistos ou refutados.

Voltemos ao *cogito*. Lembro mais uma vez que não estamos interessados no que Descartes fez do *cogito*, mas na tendência mais profunda do pensamento que foi capaz de pensá-lo. Penso, logo sou. Mas quem — ou o que — sou eu que, ao cabo da dúvida hiperbólica, penso logo sou? Depois de dúvida tão radical, não tenho certeza de absolutamente nada de determinado sobre mim. Quando digo "penso, logo sou", não é nem o meu corpo, nem a minha personalidade, nem o meu caráter, nem os meus pensamentos particulares, nem positividade alguma que tenho certeza de ser. Como todas as demais positividades, elas foram por mim negadas, junto com todos os objetos contingentes, condicionados e relativos. Por isso, reconheço o caráter contingente de mim mesmo enquanto sujeito dos meus pensamentos particulares, das minhas emoções, dos meus medos, das minhas esperanças, das minhas sensações, do meu caráter, da minha personalidade, da minha psicologia, da minha situação no mundo; reconheço o caráter contingente de tudo, enfim, que constitui aquilo que efetivamente sou para mim e para os outros; de tudo o que, tornando-me diferente dos outros, faz de mim o que sou; de tudo o que vem a ser o meu estar aí, no mundo.

Só não posso negar de mim o próprio ato de negar, a própria negação negante, pois a afirmo justamente ao tentar negá-la. Sendo assim, reduzo-me, enquanto resultado do *dubito*, à pura negatividade em dois sentidos: primeiro, no sentido de nada conter de determinado ou positivo; segundo, no sentido de ser a própria negação de tudo o que é determinado ou positivo. Enquanto tal, porém, não tenho nenhuma propriedade que me individualize, que me diferencie de nenhuma outra pessoa. O que me individualizava, o que me diferenciava das outras pessoas era exatamente o que eu tinha de positivo e determinado, o que tinha, portanto, de contingente, condicionado e relativo. Depois do *dubito*, o que fica é a pura razão.

O *dubito* me trouxe, portanto, ao reconhecimento de uma cisão epistemológica radical. De um lado, pus o que é determinado e positivo, que é também contingente, condicionado e relativo; de outro, pus o que é indeterminado e negativo, que é também necessário, incondicionado e absoluto. Naquele polo encontra-se o mundo inteiro; neste, encontro-me eu, mas somente na medida em que, não sendo mais nada do que era antes, identifico-me com a pura razão. A razão se afirma exatamente ao negar tudo o que não é a razão: ao negar inclusive o que foi produzido a partir da intervenção da própria razão naquilo que não é razão: ao negar, portanto, os produtos objetificados da própria razão. Ora, uma razão não objetificada só pode dar-se na primeira pessoa.

Chamo a cisão epistemológica radical constitutiva da modernidade de *apócrise*. Pois bem, as consequências da apócrise são devastadoras em relação aos mundos tradicionais. Por exemplo, em relação a Deus, temos duas possibilidades. A primeira é considerá-lo infinito, eterno, absoluto, essencial, necessário etc.; mas, nesse caso, ele será idêntico à razão, de modo que, não se dando senão na primeira pessoa, para si próprio, não existirá como terceira pessoa. Assim, ele é destituído não só de personalidade, mas de qualquer positividade. A segunda é considerá-lo positivo e pessoal, como o Deus da Bíblia: mas nesse caso ele não poderá deixar de ser finito, temporal, relativo, acidental, contingente etc., como os deuses do paganismo.

Junto com a religião, a apócrise aniquila toda pretensa legitimidade divina das instituições ideológicas e políticas do *ancien régime*. Todas elas se revelam como contingentes, logo, discutíveis. Historicamente, isso se dá principalmente por meio da recuperação e do desenvolvimento do conceito estoico do direito natural. Para os estoicos, a lei natural consistia basicamente na lei puramente racional.

A ambiguidade da palavra *natura*, porém, dá margem a que a lei natural possa ser interpretada como a lei ditada por uma natureza particular personificada. É o que acontece quando Tomás de Aquino, por exemplo, retomando uma fórmula de Ulpiano, afirma pertencerem à lei natural as coisas que a natureza ensinou a todos os animais.[49] A expressão "direito natural", diz com razão Hegel,

> que se tornou habitual para a doutrina filosófica do direito, contém uma ambiguidade pela qual o direito se determina ora pelo modo natural imediato, ora pela natureza do assunto, isto é, pelo conceito... Na verdade, porém, o direito e todas as suas determinações se fundamentam somente na personalidade livre, uma autodeterminação, que é antes o oposto da determinação natural. O direito da natureza é, pois, o ser do forte e a imposição da violência, e uma condição natural, uma condição de violência e injustiça, da qual nada mais verdadeiro pode ser dito do que: deve-se abandoná-la.[50]

A partir do século XVII, entretanto, para Hugo Grotius, por exemplo, o direito natural tenta reassumir o seu caráter puramente racional, logo negativo, opondo-se ao direito positivo. O direito natural, diz, no século seguinte, Diderot, admite somente aquilo que concorda com a razão sã e a equidade.[51] Como se sabe, no final do século XVIII, tanto os revolucionários franceses quanto os americanos se inspiram em teorias do direito natural, que é explicitamente mencionado na Declaração da Independência destes e na Declaração dos Direitos Humanos daqueles.

Aplicada ao direito, a apócrise significa que não há nenhuma lei positiva que seja absoluta. Isso mesmo, porém, representa uma lei negativa absoluta. Não sou obrigado a limitar a minha liberdade por imposição de lei positiva alguma. Digo isso enquanto me identifico com a pura razão. Isso significa que o digo não apenas em nome deste ou daquele ego empírico, isto é, não em virtude de ser contingentemente Antonio, Joana, Marcelo ou Graça; ou de ser contingentemente português, francês, grego, chinês ou brasileiro; ou de ser contingentemente católico, budista, taoista, judeu ou muçulmano, mas em nome de qualquer ego concebível. Seja quem eu for, minha liberdade de agir não é limitável racionalmente — logo com minha aquiescência — senão em virtude da necessária concessão de liberdade igual aos demais egos empíricos que contingentemente eu poderia ter sido. Segundo Kant, que primeiro formulou a filosofia moderna do direito, este consiste no "conjunto das condições pelas quais o arbítrio de um pode estar de acordo com o arbítrio de um outro segundo uma lei universal da liberdade".[52] Sendo assim, "é justa toda ação de acordo com cuja máxima a liberdade do arbítrio de qualquer um pode coexistir segundo uma lei universal com a liberdade de qualquer pessoa".[53]

Mas a justiça assim concebida de modo puramente negativo e racional é, como observa Bobbio, a justiça enquanto liberdade. Segundo essa concepção, "é necessário, para que brilhe a justiça com toda a sua luz, que os membros da associação usufruam a mais ampla liberdade compatível com a existência da própria associação, motivo pelo qual somente seria justo aquele ordenamento em que fosse estabelecida uma ordem na liberdade".[54] Do mesmo modo, agir de maneira injusta é "interferir na esfera da liberdade dos outros, ou seja, colocar obstáculos para que os outros, com os quais eu devo conviver, possam exercer sua liberdade na própria esfera de liceidade".[55]

Assim, a lei e o Estado de direito não têm um fim próprio. Isso quer dizer que não compete nem ao direito nem ao Estado buscar, por exemplo, a felicidade dos homens. Com relação à felicidade, diz Kant, com toda razão, não é possível formular princípio algum válido universalmente para fazer leis porque tanto as condições do tempo quanto as representações contrastantes e sempre mutáveis daquilo em que uma pessoa coloca a sua felicidade (e ninguém pode prescrever onde deve colocá-la) tornam impossível qualquer princípio estável e, por si mesmo, apto para ser o princípio de uma legislação. A máxima *salus publica suprema civitatis lex est* permanece em sua validez imutável e em sua autoridade; mas o bem público, que acima de tudo deve ser levado em consideração, é precisamente a constituição legal que garante a cada um a sua liberdade através da lei; com isso continua lícito para cada um buscar sua própria felicidade por meio do caminho que lhe pareça melhor, sempre que não viole a liberdade geral em conformidade com a lei e, portanto, o direito dos outros consorciados.[56]

Longe de unificar os diversos fins e meios dos homens, a função da lei é, portanto, assegurar o desenvolvimento pacífico de todos os antagonismos.[57] Nesse sentido, ela significa a possibilidade da maximização da diversificação de formas contingentes de vida, criação e cultura e (por que não?) espiritualidade, tanto no sentido tencionado por Foucault quanto em outros.

É evidente que os direitos humanos estão longe de estarem plenamente implementados em qualquer lugar do mundo; e que, em grande parte do mundo, estão longe de estarem sequer minimamente implementados. Como diz Amartya Sen, levados às últimas consequências, eles não implicam apenas direitos políticos, mas direitos à segurança social, ao trabalho, à educação, à proteção contra o desemprego, à sindicalização e mesmo a uma remuneração justa e favorável.[58]

De todo modo, resolve-se a aparente aporia em que nos encontrávamos, quando reconhecemos a inexistência de uma natureza humana positiva. Parecia-nos então que seria necessário ou bem abrir mão dos direitos humanos (o que reconhecíamos que seria catastrófico), ou bem prescindir da sua fundamentação (o que, como vimos no exemplo de Foucault, leva tanto a autocontradições performativas quanto à aceitação da negação efetiva desses direitos, na prática política). Restava a terceira possibilidade, que era encontrar outra fundação para os direitos humanos. Acabamos de encontrá-la na pura razão negativa e crítica. Não sendo dependentes de nenhuma característica positiva do "homem", de nenhuma "natureza humana", os direitos humanos são, como queria Kant, universais.

É verdade que isso não resolve o único problema real, prefigurado primeiro por Nietzsche e depois por Fukuyama: o de que a engenharia genética será capaz de criar diferenças hereditárias entre os seres humanos. Mas creio que, nesse ponto, é a partir dos próprios direitos humanos que é possível lutar para universalizar e maximizar as conquistas, e minimizar os efeitos colaterais danosos não só da engenharia genética mas de toda a medicina e, afinal de contas, de toda ciência.

A sedução relativa*

Trata-se aqui do relativismo enquanto um dos fatores que explicam o silêncio dos intelectuais.

Mas, exatamente, a que se refere "o silêncio dos intelectuais"? Em primeiro lugar, devo dizer que vou aqui usar o substantivo "intelectual" no sentido ingênuo, comum, cotidiano, tal como é usado pela imprensa e tal como se encontra no dicionário: por exemplo, no *Houaiss*,[1] que chama de intelectual

> aquele que vive predominantemente do intelecto, dedicando-se a atividades que requerem um emprego intelectual considerável (*trabalhador i.*) (*alguns i. admitem não ter senso muito prático*);
>
> [...] aquele que demonstra gosto e interesse pronunciados pelas coisas da cultura, da literatura, das artes etc. (*é filho de* [*pais*] *i. e desde cedo conviveu com livros*);

---

* Texto originalmente publicado em Adauto Novaes (Org.), *O silêncio dos intelectuais*. São Paulo: Companhia das Letras, 2006.

[...] aquele que domina um campo de conhecimento intelectual ou que tem muita cultura geral; erudito, pensador, sábio (*manifesto dos i. do país contra a tortura*).

Naturalmente, há inúmeras razões pelas quais, em diferentes circunstâncias, um intelectual — ou qualquer pessoa — silencia. Por que, então, tratar especificamente do silêncio dos intelectuais? Parece-me que o silêncio dos intelectuais somente pode tornar-se um tema de discussão caso (1) haja de fato ocasiões em que se espera que os intelectuais falem pública ou politicamente, exatamente em virtude de serem intelectuais, e (2) embora tais ocasiões se tenham apresentado, os intelectuais (ou a sua maior parte, ou os mais destacados deles) tenham preferido ficar em silêncio.[2]

Pois bem, creio que essas duas condições se dão, de fato, hoje em dia. Tento mostrar que há ocasiões em que se espera que um intelectual *moderno* fale pública ou politicamente. Para indicar a razão disso, tenho (A) que esclarecer o que é um intelectual moderno. Isso me obriga (B) a discorrer sobre a modernidade, o que inclui descrever determinado tipo de relativismo, que penso ser parte constitutiva dela. Parece-me também que, (C) nas situações em que se espera que os intelectuais modernos falem pública ou politicamente, grande parte deles tem, ultimamente, preferido manter o silêncio. (D) Relaciono essa postura com o predomínio, nos meios intelectuais contemporâneos, do relativismo, mas não do (I) tipo de relativismo que considero indissociável da modernidade, e sim de (II) um outro tipo de relativismo, cuja especificidade busco determinar.

Minha primeira pergunta é, portanto: em que consiste um intelectual moderno? Dado que o substantivo "intelectual" é, ele mesmo, moderno e recente, o termo "intelectual moderno" poderia, apesar da amplitude da extensão da definição de "intelectual" que *ab initio* escolhi, ser tido, à primeira vista, por pleonástico, não tivesse Jacques Le Goff escrito seu famoso livro, *Os intelectuais na Idade Média*.[3] Desde então, porém, pode-se definir o intelectual moderno em oposição ao intelectual medieval. Este, segundo Le Goff, aparece com o ressurgimento das cidades, no século XII. Penso, entretanto, que Agostinho — vivendo entre os séculos IV e V — provavelmente já pode ser considerado medieval e, certamente, intelectual. De toda maneira, o que parece caracterizar a filosofia medieval como um todo é o lugar central que nela ocupa a problemática da dicotomia entre a fé e a razão (ou intelecto), por um lado, e entre teologia e filosofia, por outro. Falarei apenas — e muito esquematicamente — da primeira, que é a principal.

Agostinho, seguindo o profeta Isaías, postulava *crede ut intelligas* (crê para entender),[4] e, ainda no século XI, Anselmo de Canterbury dizia *credo ut intelligam* (creio para entender).[5] Para eles, a fé é a condição do entendimento. Em Abelardo, no século XII, o pêndulo parece pender para a razão, em oposição, por exemplo, a Bernardo de Clairvaux, seu contemporâneo. Para Alberto Magno e Tomás de Aquino, no século XIII, embora, em última análise, haja uma predominância da fé, tanto esta quanto a razão se confirmam e complementam mutuamente. A partir, pelo menos, do século XIV, com João Escoto Erígena e Guilherme de Occam, tem-se, até o século XVI, vários modelos de separação entre o domínio da fé e o da razão. Essa separação pode se dar ou na forma de exaltação da fé e desprezo à razão (por exemplo, no século XVI, tanto em Lutero como no ceticismo fideísta de Charron) ou, ao contrário, na forma de uma homenagem protocolar à fé, como passaporte para cultivar exclusivamente a razão (por exemplo, ainda no século XVI, no ceticismo pseudofideísta de Montaigne).

Na plena modernidade, essa problemática deixa de existir, pois um dos seus polos, o da fé, é simplesmente abandonado ou esquecido, em proveito do monopólio da razão. Isso ocorre necessariamente, pois, em última análise, não é possível estabelecer nenhum compromisso estável entre esses termos, que são simplesmente antitéticos. De fato, do ponto de vista epistemológico,[6] o que é ter fé senão crer firmemente em alguma coisa, sem ter razão nenhuma para isso?[7] Ou, em outras palavras, ter uma certeza sem fundamento algum?

E o que é a razão, em primeiro lugar, senão exatamente a crítica, o questionamento, a dúvida em relação a qualquer opinião que, sustentada apenas na base da autoridade ou na base da fé, seja impermeável à comprovação pública, em princípio universal? A afirmação de uma opinião que não tenha passado pela crítica não é necessariamente uma manifestação nem de racionalidade nem de irracionalidade, pois nem tudo precisa ser criticado o tempo todo; entretanto, a tentativa ativa de subtrair alguma opinião à crítica, a tentativa de proibir a crítica, é antirracional.

Logo, ser racional é

(1) ser capaz de expor qualquer tese à crítica; e

(2) aceitar como verdadeira a tese que, estando aberta, pública e irrestritamente exposta a qualquer crítica,

    (A) não é absolutamente suscetível de ser negada (pois sua negação implicaria autocontradição formal ou transcendental-pragmática), ou,

    (B) atendo-se a causas imanentes (no sentido de não transcendentes), sendo consistente, sistemática e dotada de abrangência e de poder explicativo tão ou mais amplo do que as teses alternativas, tem resistido às tentativas sistemáticas de refutação, embora seja, em princípio, refutável;

(3) estar disposto a rejeitar uma tese previamente sustentada, uma vez que ela tenha sido refutada e/ou superada

por outra que, dotada de maior abrangência e poder explicativo, tenha resistido às tentativas sistemáticas de refutação, embora seja, em princípio, refutável;

(4) defender as condições políticas do exercício irrestrito da crítica, isto é, defender a sociedade aberta à crítica irrestrita.

Eis, portanto, a resposta à questão sobre o intelectual moderno. Ele é o intelectual racional, no sentido que acabo de descrever. O item (4) explicita também pelo menos uma das condições em que se espera que o intelectual moderno fale: quando se encontram ameaçadas as condições políticas do exercício irrestrito da crítica; quando a sociedade aberta à crítica se encontra ameaçada. É pela impossibilidade de cumprir a exigência enunciada nos itens (2B) e (3) (*ad finem*) que uma "teoria", tal como a do *intelligent design*, não é racional. Exatamente porque, com base em putativas causas transcendentes, pode-se explicar tudo em geral e qualquer coisa em particular, esse tipo de explicação não explica nada. Trata-se do tipo de causalidade que é um princípio irrefutável e, por isso mesmo, imprestável. Nenhuma ciência é possível apelando-se a Deus, pois este nunca deixa de ser uma "causa" produzida *ad hoc*, ou melhor, *ex machina*.

Entretanto, tendo associado modernidade e racionalidade, cabe agora perguntar em que se baseia essa associação. Em que consiste a modernidade?

Seria possível concebê-la meramente como um determinado período de tempo. Por exemplo, poderíamos definir "moderno" como tudo o que se encontra entre um fato histórico qualquer, digamos, a descoberta da América, em 1492, e hoje. Entretanto, esse sentido convencional da palavra "modernidade" deixa de levar em conta a absoluta originalidade que se manifesta no próprio emprego da palavra "moderno" como epíteto de uma época.

Outras épocas se denominavam a partir de nomes próprios de lugares, dinastias ou pessoas, ou características políticas ou religiosas. Os romanos, por exemplo, demarcavam o tempo tendo por referência a fundação (mítica ou real, pouco importa) de Roma. Distinguiam a época anterior à sua fundação da época posterior a ela. Consideravam viver na época posterior à fundação de Roma. A partir do imperador Augusto, passaram a diferenciar também, na história de Roma, a monarquia, a república e o império: diziam então viver na época do império. Os chineses e os egípcios usavam os nomes de suas dinastias para diferenciar as épocas, inclusive aquela em que viviam. Já os primeiros cristãos passaram a demarcar o tempo tendo por referência o nascimento (mítico ou real, pouco importa) de Cristo: para eles, sua época era a época cristã.

São quase sempre nomes próprios, de lugares, dinastias ou monarcas, ou características políticas ou religiosas, que servem para denominar ou demarcar as diferentes épocas. Foi a redescoberta da Antiguidade clássica pelos humanistas que ocasionou um modo diferente de considerar a história. Para os cristãos, como eu disse, a grande divisão era a que separava a época posterior ao nascimento do Cristo da época anterior a ele. Fora disso, um homem do século XII, por exemplo, não supunha haver qualquer solução de continuidade entre si próprio e o mundo antigo. A palavra *modernus* era usada pelos cristãos, pelo menos a partir de Cassiodoro, no século VI, para designar algo como "relativo a agora", algo que poderíamos chamar de *agoral*. Mas ninguém pensava em falar em *Época Moderna*. Assim, a palavra *modernus* ainda não tinha sentido epocal. Os "modernos" eram simplesmente os contemporâneos. Foi em oposição à maneira de pensar e de falar, e em oposição ao gosto dos seus contemporâneos escolásticos, isto é, dos "modernos" de então, que os humanistas ambicionaram emular o modo de pensar e falar e o gosto dos antigos. Entre estes e aqueles, porém, se interpunha um período extenso, que tivera início na invasão e na destruição do Império Romano pelos bárbaros. A essa longa intermissão, que passaram a considerar uma época de barbárie entre a civilização dos antigos e a sua redescoberta dela, os humanistas deram o nome de *medium tempus* ou *media tempestas* e, depois, *medium aevum*, de onde o nosso *medievo*, cuja tradução é *idade média*.[8]

Com o tempo, os tais escolásticos "modernos", desprezados pelos humanistas, passaram a ser considerados remanescentes da Idade Média, e estes passaram a ser os verdadeiros modernos. A partir disso, entre os séculos XVI e XVIII, criou-se o famoso esquema tríplice de divisão da história, que persiste até hoje. Tem-se a Antiguidade, a Idade Média (para onde foram relegados os escolásticos "modernos") e a Época Moderna ou Modernidade.

Assim, estamos de volta à época moderna, mas de outra maneira. Agora podemos entender a originalidade dessa denominação. Pela primeira vez, a palavra com a qual uma época se autodenomina é um conceito universal. Seu significado é, como já indiquei, algo que seria expressado pela palavra "agoral". Desde o início manifesta-se, portanto, um aparente paradoxo. Sendo um universal, *moderno* não se refere a coisa alguma que possa particularizar a época assim autodenominada. Em princípio, qualquer época poderia ter se chamado *moderna* ou *agoral*. Entretanto, justamente o fato de que, apesar disso, nenhuma outra época o tenha feito, constitui, para a época que o faz, uma diferença mais radical do que qualquer outra concebível. É como se, enquanto cada uma das demais épocas tivesse escolhido definir-se — o que é perfeitamente compreensível — por aquilo que a distinguisse das demais, a época moderna tivesse preferido não se definir; como se tivesse preferido abdicar de escolher uma particularidade que lhe conferisse distinção; como se, no fundo, ela não se considerasse uma época particular entre outras, mas uma época universal, ou, o que dá no mesmo, uma antiépoca, isto é, a própria abolição da epocalidade. É como se não se vivesse mais em uma época particular — por exemplo, na "era cristã" —, mas simplesmente no eterno agora.[9]

Aqui tocamos num ponto crucial. Como Aristóteles observou no seu famoso estudo sobre o tempo, no quarto livro da *Física*,[10] "o agora é, num sentido, o mesmo, noutro sentido, não o mesmo".[11] Como o que não é o mesmo, ele é o agora passageiro, que cede lugar a outro agora, que, por sua vez, cede lugar a outro, interminavelmente. Pensado até as últimas e aporéticas consequências, como o fez Agostinho, o agora assim concebido não pode ter extensão alguma: do contrário, por menor que fosse essa extensão, ela se dividiria em passado e futuro, que não são agora.[12] O outro modo de conceber o agora é como sendo sempre o mesmo. Nesse sentido, sempre é agora. Jamais me encontro em um momento que não seja agora: o que muda incessantemente são as coisas que pertencem ao agora, isto é, as coisas a ele presentes.[13] Esse é o eterno agora da modernidade.

No plano intelectual, seria um erro — porém bem ao gosto das modas deste começo do século XXI — tomar a recusa moderna de se particularizar como sinal de arrogância. Mais correto seria, ao contrário, considerá-la resultado de um extremo despojamento.

Normalmente, pensamos no século XVI como — nas palavras de Alexandre Koyré — "ampliação sem igual da imagem histórica, geográfica, científica do homem e do mundo. Efervescência confusa e fecunda de ideias novas e ideias renovadas. Renascimento de um mundo esquecido e nascimento de um mundo novo".[14] Isso nos faz muitas vezes esquecer que ele foi também, segundo a descrição do mesmo autor,

crítica, desmoronamento e enfim dissolução e mesmo destruição e morte progressiva das antigas crenças, das antigas concepções, das antigas verdades tradicionais que davam ao homem a certeza do saber e a segurança da ação. [...] Ele [o século XVI] desmoronou tudo, destruiu tudo: a unidade política, religiosa, espiritual da Europa; a certeza da ciência e a da fé; a autoridade da Bíblia e a de Aristóteles; o prestígio da Igreja e o do Estado.[15]

Tudo isso, aliado à leitura de textos antigos, como os de Cícero, Diógenes Laércio e, sobretudo, Sextus Empiricus, propicia o ceticismo, cuja mais alta expressão moderna se encontra sem dúvida em Montaigne. Ora, o ceticismo de Montaigne atinge diretamente as pretensões europeias de considerar bárbaros os costumes de outros povos, na medida em que diferem dos seus. Lembro seu famoso ensaio sobre os canibais do Brasil. "Acho", diz ele, "que não há nada de bárbaro e de selvagem nessa nação, pelo que me disseram, senão que cada qual chama de barbárie o que não é de seu costume."[16]

Em seguida, tendo descrito como os indígenas brasileiros matavam e comiam seus prisioneiros de guerra, ele explica que não acha errado que censuremos o horror barbaresco que há em tal ação, "mas sim que, julgando bem os seus erros, sejamos tão cegos quanto aos nossos". E, observando que "há mais barbárie em comer um homem vivo do que em comê-lo morto", passa a descrever os horrores que haviam sido cometidos na Europa por ocasião das guerras religiosas, horrores testemunhados por ele próprio e cometidos "não entre inimigos antigos, mas entre vizinhos e concidadãos, e, o que é pior, sob o pretexto de piedade e de religião".[17]

"Podemos portanto", conclui, "chamá-los [aos canibais] bárbaros, tendo em vista as regras da razão, mas não tendo em vista a nós mesmos, que os superamos em toda espécie de barbárie."[18]

As regras da razão — no sentido em que essa palavra é empregada no ensaio sobre os canibais — não se confundem, portanto, com as regras da cultura cristã ou europeia. Se comparassem o comportamento dos canibais ao deles mesmos, os europeus não teriam o direito de considerá-los bárbaros. Não obstante, eles arrogantemente consideravam bárbaros todos os povos não europeus ou não cristãos. Ora, pelas regras da razão, os cristãos são ainda mais bárbaros que muitos desses povos; mais bárbaros que os indígenas brasileiros; mais bárbaros até que os canibais brasileiros. Para que Montaigne julgue dessa maneira os europeus, é preciso, evidentemente, que se tenha distanciado deles tanto quanto de qualquer outro povo. É preciso que ele se tenha desprovincianizado, tanto do ponto de vista temporal (a partir da redescoberta do pensamento antigo, que relativiza o pensamento escolástico, contemporâneo a ele), quanto do ponto de vista espacial (a partir dos resultados das descobertas geográficas, como mostra o exemplo dos indígenas brasileiros); é preciso que ele tenha se cosmopolizado, de modo a ter sido capaz de abandonar — pelo menos na medida em que é capaz de fazer tais juízos — a cultura particular em que foi criado. Ora, se a condição para que a razão se manifeste é que a cultura cristã europeia ocidental — como qualquer cultura particular — tenha sido preterida, é que a razão está longe de pertencer a essa ou a qualquer outra cultura. Ela não é sequer um produto dessa cultura, mas desabrocha plenamente durante a sua dissolução. Em outras palavras, não é a força, é a fraqueza, a desintegração da cultura cristã, que permite o surgimento da razão crítica de Montaigne.

Na mesma linha de raciocínio, ao criticar "uma certa imagem de probidade escolástica, escrava de preceitos e coagida pela esperança e o medo", Montaigne diz que prefere pensar que a probidade não seja feita pelas religiões, que apenas a completariam e autorizariam; que ela consiga "se sustentar sem ajuda, nascida em nós de suas próprias raízes pela semente da razão universal impressa em todo homem não desnaturado". E arremata: "A experiência nos faz ver uma distinção enorme entre a devoção e a consciência".[19]

Ou seja, a devoção, isto é, a religião, não é o fundamento da ética, que se encontra na razão. Não são a esperança (do céu) nem o medo (do inferno) difundidos pela religião que produzem a honestidade. A razão, que constitui o verdadeiro fundamento da ética, não pertence à cultura em oposição à qual se manifesta.

O mesmo cosmopolitismo se encontra em Descartes. "É bom", afirma ele no *Discurso do método*, "saber algo sobre os modos de diversos povos, a fim de julgar os nossos com mais sanidade, e para que não pensemos que tudo o que é contra nossos modos seja ridículo, e contra a razão, assim como têm costume de fazer os que nada viram."[20] E mais:

> vendo várias coisas que, embora nos pareçam muito extravagantes e ridículas, não deixam de ser comumente recebidas e aprovadas por outros grandes povos, aprendi a não crer em nada tão firmemente daquilo que somente me havia sido persuadido pelo exemplo e pelo costume; e assim me liberei pouco a pouco de muitos erros que poderiam ofuscar nossa luz natural e nos tornar menos capazes de entender a razão.[21]

Como se vê, tanto Montaigne como Descartes estabelecem uma dicotomia entre, de um lado, a razão, a crítica e o ceticismo e, de outro lado, os modos dos povos, os costumes, as religiões, a barbárie. A razão é aquilo que se separa e se distancia de todos esses fenômenos culturais particulares.

Suponho que muitos, e talvez até a maior parte dos meus leitores, já conheçam até de cor e salteado os trechos do *Discurso do método* que tenho citado. Entretanto, peço-lhes paciência para suportar mais algumas citações da obra-prima de Descartes:

> Tendo aprendido, desde o colégio, que não se conseguiria imaginar nada tão estranho e pouco crível que não tenha sido dito por algum

dos filósofos; e desde então, viajando, tendo reconhecido que todos aqueles que têm sentimentos muito contrários aos nossos nem por isso são bárbaros ou selvagens, mas que muitos usam, tanto ou mais que nós, da razão; e tendo considerado quanto um mesmo homem, com seu mesmo espírito, sendo nutrido desde a infância entre franceses ou alemães, torna-se diferente do que seria, se tivesse sempre vivido entre chineses ou canibais; e como, até os modos das nossas roupas, a mesma coisa que nos agradou dez anos atrás, e que nos agradará talvez novamente antes de dez anos, parece-nos agora extravagante e ridícula: de sorte que é antes o costume e o exemplo que os persuadem, do que algum conhecimento certo.[22]

Descartes, como Montaigne, recusa-se a tomar os costumes da sua cultura, isto é, os costumes franceses, europeus, ocidentais ou cristãos como automaticamente melhores que os costumes de outros povos. Ao contrário: ele relativiza todos os costumes — diríamos hoje, todas as culturas —, sejam de franceses, de alemães, de chineses ou de canibais. O que parece bom a uns, parece mau a outros. O que nos parecia bom há dez anos, parece-nos mau hoje e, talvez, daqui a dez anos pareça-nos novamente bom. Alguém que tenha nascido entre alemães, pensa como os alemães; tivesse nascido entre canibais e pensaria como canibais. Nenhuma cultura particular, do presente ou do passado, pode, portanto, pretender ser essencialmente superior a nenhuma outra. Isso vale, evidentemente, também no que diz respeito às religiões, que talvez não sejam mencionadas explicitamente porque, ao escrever os *Discours*, Descartes se lembre da prisão, da tortura e da execução de Giordano Bruno na fogueira da Inquisição, que tivera lugar poucas décadas antes, e da prisão e da abjuração forçada de Galileu, ocorrida quatro anos antes.

Evidentemente, Descartes não afirma a relatividade das culturas a partir do ponto de vista de nenhuma cultura particular

— não o faz, por exemplo, como francês ou cristão —, uma vez que cada uma dessas culturas seria incapaz de tal coisa, por se considerar imensamente superior às demais. Todas elas são por ele relativizadas, a partir do ponto de vista da razão, que não pertence a este ou àquele povo, tanto que pode ser usada por não cristãos tão bem, e, por vezes, melhor até do que pelos cristãos. O ponto de vista da razão é exatamente o do puro distanciamento que permite a relativização das diferentes culturas. Não pertencendo a nenhuma cultura positiva, ele somente pode ser caracterizado de modo negativo: "Para todas as opiniões que havia recebido até então em minha crença, eu não podia melhor fazer do que empreender, de uma vez por todas, livrar-me delas, a fim de lá recolocar depois, ou outras melhores, ou então as mesmas, quando as tivesse ajustado ao nível da razão".[23]

Descartes explica que, dado que (1) os filósofos se contradizem, (2) nenhuma cultura se pode pretender superior às demais, (3) nossas opiniões dependem do lugar e da época em que nos criamos, e (4) a pluralidade de vozes a favor de uma opinião "não é uma prova que valha nada para as verdades um pouco difíceis de descobrir, porque é bem mais provável que um homem só as tenha encontrado do que todo um povo", ele não conseguiu escolher ninguém cujas opiniões lhe parecessem dever ser preferidas às dos outros. Por causa disso, prossegue, "achei-me como obrigado a empreender eu mesmo a me guiar".[24]

De fato, se ponho em dúvida todas as opiniões — mesmo as que se pretendem racionais —, tanto minhas quanto alheias, assim como todas as autoridades pequenas e grandes, individuais e coletivas, então não me resta senão guiar-me a mim mesmo. Entretanto, como terei posto em dúvida até as minhas próprias opiniões e, levando isso às últimas consequências, até as "opiniões" constitutivas da minha personalidade particular, então não sou mais eu enquanto pessoa particular que me guiarei a mim mesmo, assim como não sou eu enquanto portador de tal ou qual opinião que ponho em dúvida as minhas próprias opiniões: faço-o enquanto puro portador da dúvida, da crítica, da negação: isto é, enquanto puro e, por isso, universal, portador — ontologicamente indeterminado — da razão.

Descartes é, com justiça, considerado o fundador da filosofia moderna. Tentarei, em seguida, reconstruir esquematicamente o *cogito*, tendo em vista não uma fidelidade histórica às intenções pessoais de Descartes, nem à interpretação tradicional (não o tomo, por exemplo, como uma tentativa de provar a existência de quem o enuncia): interessa-me exclusivamente a construção do conceito de modernidade.

Submeto todas as minhas opiniões à dúvida: duvido de tudo o que me parece certo, de tudo o que aprendi, da existência do mundo, da existência do meu corpo, do meu passado, do meu presente, da minha personalidade, de Deus. É concebível que quaisquer coisas que se apresentam a mim como reais sejam irreais; que quaisquer coisas que se apresentam a mim como existentes não existam e jamais tenham existido. Sou capaz de negar cada uma das coisas que concebo. Entretanto, justamente ao duvidar de cada uma dessas coisas, justamente ao negar qualquer coisa que a mim se apresente, não posso, seja quem eu for, não ser.

O *cogito* é originariamente um *dubito*. Com isso não quero dizer simplesmente que o *dubito* é cronológica e logicamente anterior ao *cogito*, mas outra coisa. Em primeiro lugar, quero dizer que o *cogito* consiste na certeza do ser do dubitante. Mas, em segundo lugar, que a certeza do ser do dubitante é exatamente a certeza do ser daquilo que não consiste em nenhum dos entes suscetíveis de ser apresentados e submetidos à dúvida. Digamos que os objetos da dúvida sejam A, B e C. Dizer que são objetos da dúvida é dizer que possivelmente não existam. Enquanto objetos, A, B e C não passam dos dados A, B e C. A possibilidade de que não existam, porém, não se encontra dada por eles mesmos, mas pelo dubitante. Enquanto duvido de tudo, sou a consciência da possibilidade do não ser do que é apresentável a mim, isto é, sou justamente algo que não pode ser apresentado a mim. É por isso que aquilo que, de mim, pode a mim ser apresentado — e ser objeto da minha dúvida —, não sou eu enquanto duvido. Meu corpo, como eu disse, pode ser a mim apresentado, e dele posso duvidar. O mesmo se dá com a minha personalidade e o meu caráter. Enquanto duvido, sou diferente do meu corpo, da minha personalidade e do meu caráter, como sou diferente de todas as coisas de que posso duvidar. Nesse sentido, enquanto duvido, separo-me do que é suscetível de ser duvidado por mim. Se a dúvida é indubitável, então também é indubitável a diferença entre mim que, enquanto duvido, nem posso deixar de ser nem posso me apresentar a mim, e aquilo de que duvido, que pode ser ou não ser e que, na medida em que é, me é em princípio apresentável, quer dizer, é, ao contrário de mim, em princípio capaz de se tornar presente.

Em contrapartida, embora eu seja capaz de negar o ser de tudo o que se apresenta ao meu pensamento, não sou capaz, sem ser, de negar o de ser coisa alguma. Não posso, sem ser, conceber que eu mesmo possa não ser. Enquanto instância à qual é apresentável tudo o que pode ser negado, eu mesmo não posso ser negado. Justamente ao fazer de conta que nada existe, não posso eu mesmo deixar de ser. Ao conceber a nulidade de tudo isso, furto-me — nego-me — a tudo isso. Essencialmente não sou nada disso, mas também — e mais decisivamente — sou o não de tudo isso.

Aquilo que pode consistentemente ser submetido à dúvida e negado são as coisas que podem ser ou não ser. Assim são todas as coisas concebíveis, exceto eu mesmo, enquanto as concebo. Dizem-se contingentes as coisas que podem ser ou não ser. Isso significa que todas as coisas concebíveis (exceto eu mesmo, enquanto as concebo) são contingentes. Por sua vez, aquilo que não pode ser submetido à dúvida ou negado é aquilo que não pode deixar de ser. Tal sou eu mesmo, enquanto duvido ou nego: enquanto dubitante ou negante. Ora, conceber, duvidar e negar são espécies de pensamento; logo, sou eu, enquanto penso, que não posso deixar de ser. Diz-se necessário aquilo que não pode deixar de ser.

Evidentemente, quando falo de mim como necessário, não me refiro a mim enquanto parte do mundo. Durante o *dubito* que leva ao *cogito*, duvidei da existência do meu corpo, do meu passado, do meu presente, da minha personalidade. Na verdade, pus em dúvida tudo o que, em mim, era propriedade, qualidade ou predicado positivo, empírico, particular, concreto. Tudo isso podia ser sonho, ilusão, delírio. Quando, portanto, depois de pôr tudo isso em dúvida, cheguei à conclusão de que, enquanto pensante, não posso consistentemente pôr-me em dúvida, isto é, de que não posso estar enganado ao pensar que, enquanto pensante, é evidente que não é senão enquanto tal que não posso pôr a mim mesmo em dúvida. Quando digo "penso, logo sou", não estou dizendo: "eu, este homem, penso, logo sou". Também a minha humanidade foi, como as minhas demais qualidades, negada de mim. Mesmo que ela seja um engano, porém, e eu não seja um ser humano, ainda assim é verdade que penso, logo sou. Tampouco estou dizendo: "eu, Antonio, penso, logo sou". Antonio — como todas as minhas demais qualificações ou descrições positivas — foi por mim negado de mim. Mesmo que eu não seja Antonio, porém, ainda assim é verdade que penso, logo sou. Consequentemente, não sou eu, enquanto pessoa, que sou necessário, mas somente enquanto pensamento impessoal. Enquanto necessário, nada tenho de pessoal, positivo, empírico, particular, concreto, finito, relativo. Enquanto tal, sou, portanto, além de impessoal, negativo, puro, universal, abstrato, infinito e absoluto. Observe-se que estou usando a palavra "negativo" aqui em um sentido muito radical, que significa destituído de toda positividade, isto é, *absolutamente negativo*. É nesse sentido que, enquanto necessário, sou negativo. Doravante, toda vez que me qualificar de "negativo", devo ser entendido nesse sentido.

Poder-se-ia objetar que tudo o que existe é exatamente o oposto disso. Com efeito, tudo o que existe é positivo, empírico, particular, concreto, finito, relativo etc. O que não é todas essas coisas simplesmente não existe. A palavra "existir", porém, nos dá, ela mesma, uma pista para entender esse paradoxo. Como é que, enquanto necessário, eu, que não posso deixar de ser, sou incapaz de existir? A razão disso é que "existir" quer dizer exatamente estar ou ser fora. Fora de quê? Fora de mim, enquanto sou necessário. O que existe é o que está ou é fora de mim, isto é, o que não sou eu, enquanto necessário. A palavra "ser" tem uma extensão maior do que a palavra "existir" e inclui não somente todas as coisas que são e existem, como também me inclui, enquanto sou necessário, isto é, enquanto sou, mas não existo. Não é possível determinar o estatuto ontológico ou categorial daquilo que é, mas não existe.

Em contrapartida, ao contrário de mim, enquanto necessário, as coisas contingentes existem, são positivas, empíricas, particulares, finitas, concretas e relativas. (Naturalmente, acabo de me referir às coisas que efetivamente existem, mas que poderiam não existir. Entretanto, é possível também chamar de contingentes as coisas que, embora não existam atualmente, poderiam existir: e qualquer coisa que concebamos, desde que sua noção não seja autocontraditória, é, em princípio, capaz de existir, de modo que pode ser considerada contingente. Essas, porém, por exemplo, os centauros ou as quimeras, não são normalmente chamadas positivas ou empíricas, exceto potencialmente.)

Desse modo, o *cogito* aparece, em primeiro lugar, como uma clivagem do ser. Chamo essa clivagem de *apócrise*, palavra que, colhida em Anaxágoras,[25] contém a palavra "crise", *crisis*, que significa separar, distinguir, selecionar. O prefixo "apó-" reforça esse significado, pois também se refere ao movimento de separação. Estabeleço, portanto, dois polos, aos quais pertence tudo o que é: por um lado, o polo de tudo o que é contingente, particular, empírico, finito, relativo, concreto, positivo etc. — que chamo de *polo positivo* —, e, por outro, o polo do necessário, universal, puro, infinito, absoluto, negativo, entre outros, que sou eu, enquanto vazio de determinações, que chamo de *polo negativo*. Posso, portanto, afirmar que todas as determinidades do polo negativo (ser necessário, absoluto, universal, puro, infinito, abstrato etc.) se aplicam a mim, enquanto necessário, e nenhuma das determinidades do polo positivo se aplica a mim, enquanto necessário.

Logo, através da apócrise, (1) separo-me — nego-me — do polo positivo, que compreende a totalidade do que é suscetível de ser por mim negado de mim, que é tudo o que é contingente, particular, empírico, finito, relativo etc., e (2) ponho-me como essa mesma negação do polo positivo, isto é, como polo negativo, enquanto necessário, universal, puro, infinito, absoluto, entre outros. Dado que sou negação, chamarei o que foi negado por mim de *negação negada*; mas se a chamo de negação negada, chamo-me a mim, enquanto a nego, de *negação negante*. A negação negada é a positividade. Através da apócrise, descubro-me como negação negante. Ora, a apócrise não passa, ela mesma, de negação negante. Trata-se, portanto, da negação negante que se descobre como tal.

Descartes atribui à dúvida hiperbólica as funções de "livrar--nos de todos os preconceitos (*de omnibus praejudiciis*), preparar um caminho facílimo para afastar dos sentidos a mente e fazer com que, das coisas que adiante descubramos serem verdadeiras, não possamos mais duvidar".[26] Podemos nesse enunciado identificar os dois momentos, já mencionados, da apócrise: o momento, inscrito em seu nome, da crítica, através do qual me livro de tudo o que não é absolutamente certo, isto é, pelo qual me livro de todos os preconceitos e de toda positividade, e o momento da certeza absoluta da verdade da razão. Ora, esses dois momentos da apócrise correspondem a dois sentidos complementares da palavra "razão": por um lado, ao sentido crítico-analítico, privilegiado por exemplo pelo Iluminismo, que a concebia em contraposição ao preconceito, e, por outro, ao sentido afirmativo, em que ela se dá como a "capacidade de alcançar conhecimento do universal e necessário [...]".[27] A própria palavra *ratio*, de *ratus*, particípio perfeito do verbo *reor*, corresponde aos sentidos da apócrise, pois o significado mais primitivo de *reor* parece ter sido o de "separar", "dividir", "distinguir".

Distinguir porém também implica, por uma evolução semântica comum, reunir as coisas que, tendo sido separadas das demais, são semelhantes entre si.[28]

EXCURSO 1

Neste ponto, creio que será interessante, fazendo um pequeno excurso, tocar nas famosas objeções ao *cogito*. Na verdade, ao responder às objeções que foram levantadas subsequentemente à publicação das suas *Meditações metafísicas*, o próprio Descartes, antecipando-se à maior parte das que, ainda hoje, lhe são feitas, rechaçou-as.[29] Entretanto, dada a hostilidade de grande parte dos filósofos contemporâneos à modernidade e, consequentemente, ao *cogito*, os mesmos argumentos são constantemente requentados e reapresentados. Como os de Nietzsche, em particular, encontram-se na moda, são repetidos ad nauseam e citados como irrespondíveis, proponho aqui examiná-los. O autor de *Além do bem e do mal* afirma o seguinte:

Se decomponho o processo que está expresso na proposição "eu penso", obtenho uma série de afirmações temerárias, cuja fundamentação é difícil, talvez impossível — por exemplo, que sou *eu* quem pensa, que tem de haver necessariamente um algo que pensa, que pensar é atividade e efeito de um ser que é pensado como causa, que existe um "eu", e finalmente que já está estabelecido o que designar como pensar — que eu *sei* o que é pensar. Pois se eu já não tivesse me decidido a respeito, por que medida julgaria que o que está acontecendo não é talvez "sentir", ou "querer"?[30]

Nenhuma dessas objeções é pertinente. Assim, (1) Nietzsche duvida que eu possa provar que sou eu quem pensa. Se ele quer dizer que não posso provar que sou eu, esta pessoa particular, Antonio, quem pensa, tem toda a razão. Antonio é esta pessoa, que tem este corpo, que tem um passado etc. Ora, durante o *dubito*, neguei tudo isso de mim. Enquanto duvido-penso-sou, portanto, não tenho nenhuma dessas qualidades: não tenho nenhuma qualidade que me diferencie de qualquer outro que faça o mesmo. Enquanto duvido-penso-sou, não estou colado a coisa alguma ou pessoa alguma. Sou, portanto, idêntico a qualquer outro eu que faça o mesmo. Logo, enquanto tal, sou um universal. Mas não apenas o *cogito* nada afirma de particular, como nada pretende, nada jamais pretendeu nem pode pretender afirmar de particular. (2) Nietzsche pensa que o *cogito* pressupõe algo que pensa. Mas o *cogito* não afirma que, se há pensamento, há algo que pensa para, em seguida, supor que seja eu esse algo. Ao contrário, durante a dúvida hiperbólica, duvido até que haja algo que pense. Ao fazê-lo, porém, não posso deixar de ser diferente daquilo de que duvido. (3) Nietzsche afirma que o *cogito* pressupõe que o pensar é atividade e efeito de um ser que é pensado como causa. Isso é simplesmente falso. Em nenhum momento se fala de causa para se chegar ao *cogito*. (4) Nietzsche acusa o *cogito* de pressupor que exista um "eu". Deixemos essa questão para o final e enfrentemos a seguinte. (5) Nietzsche diz que o *cogito* pressupõe que esteja estabelecido o que é pensar em oposição a sentir ou querer. Mas Descartes, como eu disse, considera pensar como um gênero a que pertencem como espécies sentir e querer; como também se inclui duvidar. Se duvido de alguma coisa, ou de tudo, de algum modo sei — ou penso que sei — o que é duvidar. Descartes está interessado em ir até o fundo do ceticismo para revertê-lo. Por isso, ele assume o pressuposto do próprio ceticismo e mostra que quem duvida de tudo não pode duvidar de que a própria dúvida seja. Basta, por isso, saber que o pensamento é o gênero em que se inclui a dúvida para ter conhecimento que não podemos duvidar de que ele seja.

Mas volto a (4), isto é, à pressuposição de que exista um eu. A própria formulação é curiosa, embora não incomum. Ela transforma o pronome "eu" em terceira pessoa: existe um eu, no lugar de existo eu. Se me ponho fora de mim, isto é, se me alieno, transformo-me em um objeto. Uma vez que os objetos são todos contingentes, posso assim duvidar que semelhante eu exista. Ora, o *cogito* não pressupõe que exista um eu, mas prova que eu sou, seja lá quem eu for, ou melhor, seja lá o que eu for, pois o *cogito* não me permite determinar o meu estatuto ontológico.

Uma objeção posterior às de Nietzsche, porém igualmente inconsistente, seria a de que o *cogito* não se livra de todos os pressupostos, pois, enunciando-se verbalmente, pressupõe que a linguagem possa servir como um instrumento para o pensamento. Embora Descartes não a tenha mencionado, é claro que essa suposição pode, sim, ser posta em dúvida: "Duvido que a língua que uso seja um instrumento adequado do meu pensamento". Entretanto, essa dúvida supõe a própria língua e supõe que ela seja, sim, um instrumento adequado para exprimir o meu pensamento, que, consequentemente, também é por ela suposto: ela supõe, portanto, o *cogito*. Em outras palavras, longe de desqualificar o *cogito*, essa dúvida é uma forma alternativa dele. A própria objeção a que ela corresponde supõe que a língua seja um instrumento adequado do pensamento, do contrário não poderia ser formulada. Se é possível formulá-la, é que a linguagem pode funcionar como instrumento para o pensamento, de modo que a objeção se desmente.

Fim do excurso 1

De certa maneira, a apócrise significa um relativismo radical, pois parte do princípio, explicitado pelo *dubito*, de que não há, no polo positivo, onde se encontram todos os mundos e todas as coisas dadas, empíricas, particulares etc., nada de absoluto. Entretanto, esse relativismo somente pode ser afirmado por uma proposição universal e absolutamente verdadeira ("tudo o que pertence ao polo positivo é relativo") a partir do polo negativo, que é absoluto e universal. Se essa proposição pertencesse, ela mesma, ao polo positivo, ela se autoanularia, pois seria, ela própria, relativa. Observe-se que seria um erro grave pensar que o que se está aqui afirmando seja algo como "tudo é relativo, exceto o polo negativo". Dado que o polo negativo não pertence ao polo positivo, não pode constituir uma exceção dentro dele, de modo que a proposição citada é tão sem sentido quanto, por exemplo, "todo gato mia, exceto os cachorros"; ou, mais pertinentemente ainda, "toda luz é movimento, exceto a escuridão". O polo negativo tampouco participa de um gênero comum ao outro. Ele é, ao contrário, a negação, ou melhor, como o nome o indica, o negativo do polo positivo.

O relativismo apocrítico, sendo o avesso da afirmação do absoluto, escapa das aporias do relativismo vulgar, que afirma simplesmente que "tudo é relativo". Uma tal afirmação incorre no velho Paradoxo do Mentiroso. Este se dá quando alguém diz, por exemplo, "minto". Se essa pessoa estiver dizendo a verdade, estará mentindo, e se estiver mentindo, estará dizendo a verdade. Do mesmo modo, quando afirmo que tudo é relativo, então, posso, por um lado, entender que também a proposição "tudo é relativo" seja relativa, e, nesse caso, nem tudo é relativo; por outro, posso entender que essa proposição não seja relativa, e, também nesse caso, nem tudo é relativo. De qualquer modo, a afirmação da relatividade universal não consegue escapar de uma espécie de reviravolta (*peritropé*, dizia, em contexto semelhante, Sextus Empiricus, citando Demócrito e Platão)[31] que a neutraliza.

Mas por que considerar a apócrise a concepção moderna do mundo? Lembro, em primeiro lugar, que, anteriormente, observei que o próprio fato de nossa época se autodenominar "moderna" já constituía uma diferença sintomática em relação às demais épocas. Indiquei que "moderno" significa algo como "agoral", palavra que quer dizer "referente a agora". Pois bem, "agora" é uma palavra dêictica. Ela sempre indica o instante em que me encontro. Se falo de mim enquanto fulano de tal, isto é, enquanto sou contingente, então também o agora a que me refiro é contingente. Agora é, por exemplo, esta noite em que me encontro a escrever; mais tarde, será a madrugada, depois a manhã etc. Esses são os agoras passageiros, contingentes. Se, entretanto, falo de mim, enquanto necessário, impessoal, puro, universal, infinito, absoluto, negativo, então também o agora a que me refiro é necessário, impessoal, puro, universal, infinito, absoluto, negativo. Esse é o eterno agora pelo qual a modernidade se define. Ora, isso significa que a modernidade já é, desde o instante em que se reconhece como tal, o exercício e o reconhecimento, evidentemente avant la lettre, da apócrise, manifesta na própria dicotomia do agora.

De todo modo, a apócrise implica exatamente as características associadas à modernidade, tanto pelos seus entusiastas quanto pelos seus inimigos. Deus, por exemplo, se pertencer ao polo negativo — e talvez tenha de sê-lo, uma vez que, pelo menos enquanto *Dieu des philosophes*, lhe são atribuídas inúmeras propriedades pertencentes a esse polo, como ser absoluto, necessário, universal,

154

infinito etc. —, não existe. Ele pode, no entanto, ser; mas, nesse caso, não pertencerá à categoria de substância, pois se confundirá comigo, enquanto sou negativo. Por sua vez, se lhe for atribuída substancialidade e personalidade, como ao *Dieu d'Abraham*, ele pertencerá ao polo positivo, e será relativo, contingente, particular, finito etc., propriedades incompatíveis com a divindade da teologia monoteísta. Com isso, a noção de Deus é relegada ao domínio do irracional ou da fé cega, cujos adeptos, por isso mesmo, a cada dia que passa, confiam mais na *faca amolada* para impô-lo...

Aplicada ao direito, a apócrise significa que não há lei positiva alguma que seja absoluta e necessária. Isso mesmo, porém, representa uma lei negativa absoluta. Ela decreta que não sou obrigado a limitar a minha liberdade — e pouco importa o que se entenda por liberdade — por imposição de lei positiva alguma. Digo isso, porém, seja quem eu for. Consequentemente, qualquer um que o diga ou pense, ou que apenas seja capaz de dizê-lo ou pensá-lo, tem o mesmo direito que eu.

Nisso se fundamenta a lei racional, necessária e absoluta, expressa, por exemplo, por Kant, para quem o direito "consiste no conjunto de condições pelas quais o arbítrio de um pode estar de acordo com o arbítrio de outro segundo uma lei universal da liberdade". Desse modo, ainda segundo Kant, "é justa toda ação de acordo com cuja máxima a liberdade do arbítrio de qualquer um pode coexistir segundo uma lei universal com a liberdade de qualquer pessoa". Trata-se daquilo que Norberto Bobbio chama de "direito enquanto liberdade". Segundo ele, "é necessário, para que brilhe a justiça com toda a sua luz, que os membros da associação usufruam da mais ampla liberdade compatível com a existência da própria associação, motivo pelo qual somente seria justo aquele ordenamento em que fosse estabelecida uma ordem na liberdade".[32]

Do mesmo modo, agir de maneira injusta é "interferir na esfera da liberdade dos outros, ou seja, colocar obstáculos para que os outros, com os quais eu devo conviver, possam exercer sua liberdade na própria esfera de liceidade". Essa é a base para os direitos humanos, que, por se basearem na pura razão, são absolutos, logo, anteriores e superiores a qualquer convicção positiva e, por conseguinte, relativa, seja religiosa ou política. A lei positiva só é legítima enquanto compatível com a lei racional, e é sempre sujeita a ser questionada a partir desta.

EXCURSO 2

O século XX quis jogar na lata de lixo — precipitadamente — as noções de selvageria, barbárie e civilização. Entendem-se, entre outras coisas, as atrocidades cometidas, no Ocidente pretensamente civilizado, pelas ditaduras fascistas e socialistas (e mesmo pelas democracias colonialistas e imperialistas), assim como as catástrofes de duas guerras mundiais pareciam haver para sempre conspurcado a noção de civilização. Dado esse fato, qualificar uma cultura de selvagem ou bárbara — principalmente considerando que essas palavras, além de já etimologicamente possuírem uma conotação pejorativa, pretendiam descrever (por exemplo, na obra de Morgan e, por influência dela, na de Engels)[33] as etapas inferiores da evolução da humanidade — parecia um imperdoável ato de arrogância etnocêntrica por parte dos soi-disant civilizados.

Pois bem, apesar de tudo isso, penso que será útil recuperar essas três noções, ainda que não à maneira de Morgan, mas à de Schiller. Com efeito, na quarta das suas *Cartas sobre a educação estética do homem*, o poeta alemão afirma que

o ser humano pode ser contraditório de dois modos: ou como selvagem, quando seus sentimentos se sobrepõem a seus princípios; ou como bárbaro, quando seus princípios destroem seus sentimentos. O selvagem despreza a arte e reconhece a natureza como seu soberano ilimitado; o bárbaro escarnece e desonra a natureza. [...] O homem educado torna a natureza sua amiga, apenas freando a arbitrariedade dela.[34]

As oposições em jogo são o selvagem, os sentimentos e a natureza versus o bárbaro, os princípios e (implicitamente) a cultura. A selvageria seria, então, o estado de coisas em que dominariam os sentimentos, os impulsos, a natureza, os desejos, a vontade do ser humano individual, contra os princípios, as leis, as regras, os deveres, as obrigações, as convenções, as tradições culturais da coletividade. Tratar-se-ia do estado de natureza no sentido de Hobbes, isto é, do *homo lupus homini*, do homem lobo do homem, que resulta na guerra de todos contra todos (*beltum omnium contra omnes*). Não é necessário tomar a selvageria como o estado primitivo da espécie humana. Ela é capaz de ocorrer também em períodos de anomia, de colapso das instituições, de guerra civil etc. Na verdade, focos ou irrupções de selvageria são capazes de ocorrer em qualquer coletividade, sendo normalmente qualificados de criminosos.

A barbárie, por sua vez, seria o estado de coisas em que, ao contrário do que ocorre na selvageria, os princípios, as leis, as regras, os deveres, as obrigações, as convenções, as tradições culturais da coletividade massacrariam os sentimentos, os impulsos, a natureza, os desejos, a vontade do ser humano individual. Tendemos a associá-la ao despotismo, à tirania, à ditadura. Entretanto, ela pode ocorrer "democraticamente", como escolha coletiva. Na verdade, ela seria tanto mais completa quanto mais os indivíduos tomassem as convenções culturais herdadas como se fossem naturais, de modo que, por um lado, eles cumprissem os papéis sociais que lhes houvessem sido designados e, por outro, esperassem que os demais indivíduos fizessem o mesmo quanto aos respectivos papéis, como se tal fosse a única atitude concebível e como se tais papéis sociais fossem os únicos concebíveis, de modo que jamais os questionassem, excluindo do universo de suas possibilidades vitais qualquer comportamento alternativo.

Em suma, se a selvageria é o estado de coisas em que o arbítrio individual tende a dilacerar a cultura, a barbárie é o estado de coisas em que a cultura tende a esmagar a liberdade individual. Em contraste com a selvageria e a barbárie, a civilização seria o estado de coisas em que a lei tem a função de permitir a compatibilização da maximização da liberdade de cada indivíduo. Trata-se da universalização efetiva do direito enquanto liberdade, direito que já é, *de iure*, universal. Não é, portanto, pela sua particularidade, mas pela sua universalidade que a civilização se distingue. Não há várias civilizações, como há várias culturas, mas somente uma civilização, da qual as diferentes sociedades, de qualquer parte do mundo, se aproximam em maior ou menor grau. Com efeito, Amartya Sen mostra, por exemplo, que a legislação do imperador Ashoka, na Índia do século III a.C., bem como a de Akbar, imperador mogol do século XVI, representaram um grau relativamente alto de civilização, no sentido em que entendo essa palavra, em suas respectivas épocas.[35]

Com esses conceitos, alguns equívocos comuns podem ser desfeitos. Muito comum, por exemplo, é afirmar que há hoje um conflito entre a cultura ocidental e a cultura islâmica; ou, na linguagem de Samuel Huntington, entre a civilização ocidental e a islâmica. No primeiro caso, o problema é que não se sabe o que vem a ser a "cultura ocidental". Quanto à cultura islâmica, supõe-se que seja a religião muçulmana, em primeiro lugar. Deveríamos então, simetricamente, supor que a cultura ocidental fosse a cristã? O conflito seria então entre o cristianismo e o islamismo. Ora, esse conflito se deu na Idade Média, não hoje, ou não significativamente hoje. Além disso, o "Ocidente" não possui — excetuadas algumas áreas atrasadas dos Estados Unidos — grandes focos de fanatismo religioso. Na verdade, os muçulmanos parecem muito mais incomodados com o hedonismo e o ateísmo que veem no Ocidente do que com o cristianismo. É que intuem que o hedonismo e o ateísmo são possibilidades civilizacionais que não constituem apenas ameaças externas, mas internas à sua religião. Quanto a Huntington, o problema é classificar a civilização de ocidental ou de islâmica, quando a civilização é universal. Ele o faz porque não passa de um relativista cultural, que trata de "civilização" cada uma das culturas que considera serem as maiores do mundo. Mas o verdadeiro conflito está entre a civilização tout court e a ponta extremista de um determinado fenômeno cultural, que é a religião islâmica. Os fanáticos religiosos, que são bárbaros, se opõem a toda civilização, quer a encontrem no Ocidente, quer no Oriente, quer no Sul, quer no Norte. Os fanáticos cristãos são perfeitamente capazes de fazer o mesmo, embora, momentaneamente, se encontrem menos em evidência. O conflito é, portanto, entre a barbárie — e hoje, principalmente, a barbárie religiosa — e a civilização.

Fim do excurso 2

Tendo esclarecido o que entendo por intelectual, o que entendo por "modernidade", o que entendo por "intelectual" moderno, e qual o tipo de relativismo compatível com o intelectual moderno, cabe agora esclarecer quais as ocasiões em que se espera que os intelectuais modernos falem publicamente, exatamente em virtude de serem intelectuais modernos. Pois bem, os intelectuais modernos têm, enquanto tais, interesse em defender pública e politicamente pelo menos as condições de possibilidade do exercício da racionalidade. Elas são: a liberdade irrestrita da crítica; a apócrise; a sociedade aberta; o direito enquanto liberdade; o estabelecimento e a defesa, no mundo inteiro, das condições — econômicas, sociais, políticas — do exercício real da sociedade aberta e do direito enquanto liberdade. Assim, espera-se, por exemplo, que o intelectual moderno proteste publicamente contra qualquer atentado ao direito enquanto liberdade, ainda que este se pretenda justificar através de tradição, costume, ou qualquer determinação de natureza cultural ou religiosa.

Entretanto, hoje é extremamente difundido, não só na filosofia como nas ciências sociais, nos estudos culturais, literários etc., um tipo de relativismo completamente diferente do relativismo apocrítico que descrevi anteriormente. Contudo, isso não quer dizer que aqueles que, substancialmente, o defendem aceitem pacificamente o rótulo de "relativismo" para as suas ideias. Assim, embora o historicismo, o perspectivismo, o pragmatismo, o desconstrutivismo possam ser considerados diferentes manifestações de relativismo cultural, seus expoentes raramente aceitam esta designação. O mesmo ocorre com praticamente todos os assim chamados pós-estruturalistas, tais quais, para citar apenas os mais ilustres, Michel Foucault, Gilles Deleuze, Jacques Derrida. Na verdade, essa recusa não é de estranhar, uma vez que, do ponto de vista de cada um deles, aceitar o rótulo de relativista seria, em primeiro lugar, reduzir o seu pensamento, sob muitos aspectos extremamente complexo e sutil, a uma generalidade; e, em segundo lugar, seria abrir o flanco desse pensamento aos problemas já conhecidos — às aporias, aos paradoxos, às contradições, ao peritropismo — que afligem todo relativismo não apocrítico. Assim, é mais comum um filósofo relativizar, de algum modo, a verdade, do que confessar-se relativista. Foucault, por exemplo, jamais, que eu saiba, se disse relativista; no entanto, ele afirma, entre outras coisas, que

cada sociedade tem seu regime de verdade, sua política geral da verdade: quer dizer os tipos de discurso que acolhe e faz funcionar como verdadeiros; os mecanismos e as instâncias que permitem distinguir os enunciados verdadeiros ou falsos, a maneira com que sanciona uns e outros; as técnicas e os procedimentos que são valorizados para a obtenção da verdade; o estatuto dos que têm a incumbência de dizer o que funciona como verdadeiro.[36]

A hipótese que ele propõe é, "por verdade, entender um conjunto de procedimentos regrados para a produção, a lei, a repartição, a entrada em circulação, e o funcionamento dos enunciados".[37]

Evidentemente, a própria sociedade a partir da qual Foucault declara isso tem o seu regime e a sua política geral da verdade. O interesse de Foucault é exatamente relativizar o regime, a política geral da verdade da sociedade à qual ele pertence, isto é, da sociedade moderna, que é também a nossa. Entretanto, *ex hypothese*, a verdade da tese de Foucault também está submetida a esse regime e a essa política geral da verdade, de modo que é, ela mesma, relativizada por eles.

Outro exemplo: Deleuze, que tampouco se declara relativista, considera a verdade "somente o que o pensamento cria, levando em conta o plano de imanência que se dá por pressuposto, e todos os traços desse plano, tanto negativos quanto positivos tornados indiscerníveis: pensamento é criação, não vontade de verdade".[38]

O que a filosofia cria são conceitos, segundo ele. Ora, os conceitos são, em suas palavras, "exatamente como sons, cores ou imagens, são intensidades que convêm ou não, que passam ou não passam. Pop filosofia. Não há nada a compreender, nada a interpretar".[39] É sem dúvida por isso que Deleuze considera que "as noções de importância, de necessidade, de interesse são mil vezes mais determinantes que a noção de verdade".[40]

Quanto a Derrida, pode-se dizer que o próprio conceito de *desconstrução* tem precisamente a função de desmascarar, nos mais diversos empreendimentos discursivos, o funcionamento daquilo que chama de *metafísica da presença*, que basicamente corresponde ao que é, para Heidegger, a *metafísica ocidental*. Ora, esse desmascaramento só tem sentido a partir — e como radicalização — da relativização genealógica a que Heidegger já havia submetido as categorias principais do que chamava de metafísica ocidental, como a subjetividade, a transcendentalidade, a liberdade, a origem, a presença e a verdade.

Entretanto, numa entrevista dada a Evando Nascimento, o autor da *Gramatologia* declara — e creio que, nesse ponto, tanto Foucault quanto Deleuze subscreveriam às suas palavras:

> Não sou relativista e aos que acreditam poder tirar uma lição relativista das leituras de meus textos diria simplesmente que se enganam. O relativismo é uma filosofia que consiste em dizer que todas as perspectivas se equivalem, que todos os pontos de vista têm o mesmo valor e que tudo depende do lugar onde o indivíduo se encontra, do tempo, do assunto etc. Nunca pensei desse modo. Creio que a origem dos mal-entendidos no caso se deve a que sou muito enfático a respeito da singularidade e das diferenças: a singularidade das culturas, das nações, das línguas.[41]

Talvez o mais cândido dos relativistas *qui n'osent pas dire leur noms* seja o filósofo norte-americano Richard Rorty, afiliado ao pragmatismo e, em particular, a John Dewey, um dos fundadores dessa tendência. Ele diz: "[Dewey] foi muitas vezes tachado de relativista, e o mesmo ocorre comigo, mas é claro que nós, pragmatistas, jamais nos consideraríamos relativistas. Geralmente nos definimos em termos negativos: somos antiplatônicos ou antimetafísicos ou, ainda, antifundacionistas".[42] E prossegue:

> Nós, ditos relativistas, sustentamos que muitas das coisas que o senso comum julga terem sido encontradas ou descobertas são, na verdade, fabricadas ou inventadas. Nossos oponentes nos chamam

de subjetivistas ou construcionistas sociais. Segundo eles, afirmamos ter descoberto que algo que supostamente vem do exterior surge, na verdade, de dentro de nós — que aquilo que antes se pensava ser objetivo mostrou-se meramente subjetivo.

Mas nós, antiplatônicos, não devemos aceitar essa maneira de formular a questão, sob o risco de sofrermos sérios problemas. Se aceitarmos sem restrição essa distinção entre fabricar e encontrar, nossos oponentes poderão, por exemplo, nos fazer uma pergunta embaraçosa: teremos nós descoberto ou inventado o surpreendente fato de que o que se pensava ser objetivo é, na verdade, subjetivo? Se pretendemos tê-lo descoberto, se dissermos que se trata de um fato objetivo que a verdade é subjetiva, corremos o perigo de nos contradizermos. Se dissermos que o inventamos, por que alguém deveria levar a sério nossa invenção? Se definirmos a verdade como apenas uma ficção conveniente, o que acontece com a verdade dessa definição? Trata-se também de uma ficção conveniente? Conveniente para quê? Para quem? Acho importante que nós, que somos acusados de relativismo, deixemos de lado essas distinções entre encontrar e fabricar, entre a descoberta e a invenção, entre o objetivo e o subjetivo.[43]

Coerentemente com seu pragmatismo, Rorty deixa de lado uma descrição que, no entanto, ele mesmo considera aplicável, porque conhece a dificuldade, se não a impossibilidade, teórica de sustentá-la.

Não seria possível discutir aqui nem sequer os pensadores relativistas — ou talvez eu deva dizer criptorrelativistas — que acabo de mencionar. Seria preciso escolher um deles, como exemplo. Entretanto, ocorreu-me outra possibilidade. Não haverá um pensamento que funcione como uma matriz para o relativismo contemporâneo? Rorty classifica os filósofos que citei de "pós-Nietzsche".[44] Não será Nietzsche — o antiplatônico por excelência — a principal fonte do relativismo dos intelectuais contemporâneos? Certamente é possível considerar Nietzsche um pensador relativista. Não dizia ele que "as verdades são ilusões de que nos esquecemos o que são"?[45] Contudo, sobre Nietzsche é mais prudente não falar. Por quê? Porque, como diz André Comte-Sponville,

> qualquer que seja a tese que você quiser criticar, o primeiro nietzschiano que aparecer, e eles são uma legião, sempre poderá lhe objetar que Nietzsche disse exatamente o contrário — e o pior é que o nietzschiano terá razão, quase sempre, sem dúvida não porque você tenha atribuído a Nietzsche uma tese que ele não tivesse defendido, e sim porque sempre, ou quase sempre, ele defendeu a tese inversa.[46]

Uma possível interpretação para isso é que Nietzsche foi, de fato, radicalmente relativista, de modo que, sem nenhuma preocupação de coerência ou consistência, dizia apenas o que pensava ou o que lhe interessava dizer a cada momento. Isso significa, porém, que, embora seja possível admirar Nietzsche, como se admira um artista — e creio que, embora seja um pensador e, frequentemente, um pensador profundo, ele é antes artista que filósofo —, é impossível ser verdadeiramente nietzschiano. Em outras palavras, ser nietzschiano seria ser antinietzschiano, pois significaria aprisioná-lo num só dos seus momentos. Lembremo-nos de como, ao final da primeira parte de *Assim falou Zaratustra*, este dispensa seus discípulos:

> Em verdade, vos aconselho: Afastai-vos de mim e defendei-vos de Zaratustra! E melhor ainda: Envergonhai-vos dele! Talvez vos haja enganado. [...] Recompensa-se mal o professor, quando se permanece apenas aluno. E por que não quereis arrancar minha coroa?

Vós me venerais; mas e se vossa veneração um dia desmoronar? Cuidai-vos, para que não vos esmague uma estátua! [...] Agora vos ordeno me perderdes e vos encontrardes; e somente quando me houverdes todos renegado, retomarei a vós.[47]

Deixemos, portanto, Nietzsche. Mas quase todos os relativistas contemporâneos se reportam também a Heidegger. E, neste caso, parece-me que estamos em terra firme. Dos pensadores que mencionei, a única aparente exceção, no que diz respeito a Heidegger, é Deleuze. Contudo, concordo com Giorgio Agamben quando este — tendo comentado que Deleuze, ao tentar liquidar o conceito de sujeito, prossegue o gesto de Heidegger — nota que "a história das relações entre Heidegger e Deleuze — também via Blanchot, trâmite de muito heideggerianismo insciente na filosofia francesa contemporânea — ainda tem que ser feita".[48]

Penso que a obra de Heidegger pode ser interpretada como um esforço brilhante — com as armas de uma fenomenologia hermenêutica — no sentido de relativizar o polo negativo da apócrise, reduzindo suas determinidades a manifestações secundárias de determinidades positivas, tomadas como primordiais. Com esse fito, Heidegger põe algumas extraordinárias intuições a serviço de arrojadas revisões e reinterpretações da história da filosofia. O resultado é estimulante, pois desse modo a modernidade parece ser criticada a partir de uma posição mais autenticamente radical do que a que ela mesma representa.

Ser e tempo, que provavelmente permanece sendo o mais importante livro de Heidegger, propõe a tarefa da destruição da história da ontologia. Negando que tenha a pretensão de efetuar uma "má relativização" (*schlechte Relativierung*) de pontos de vista ontológicos, Heidegger explica que tenciona levar a cabo uma "comprovação da proveniência dos conceitos ontológicos fundamentais como uma exposição investigadora das respectivas 'certidões de nascimento"', tendo em vista "delimitar [a tradição ontológica] em suas possibilidades positivas"; e complementa: "E isso sempre quer dizer em seus *limites*".[49] Em suma, ele pretende realizar uma *boa* relativização dos conceitos ontológicos fundamentais.

Estrategicamente, o primeiro conceito ontológico a sofrer uma tal relativização é o de sujeito. Observe-se, entre parênteses, que a noção de sujeito se encontra, efetivamente, riscada do pensamento que Rorty chama de pós-nietzschiano. Nem ele, nem Foucault, nem Derrida, nem Deleuze a aceitam. Ora, segundo Heidegger, o conceito moderno de sujeito, produzido pelo *cogito*, constitui o núcleo de toda a metafísica moderna, inclusive da filosofia de Nietzsche, *malgré lui-même*.

A relativização do sujeito empreendida por Heidegger não se baseia em uma crítica imanente desse conceito, mas, num primeiro momento, em uma espécie de genealogia. É, de fato, com base no exame da "certidão de nascimento" do sujeito que ele tenta desqualificá-lo ou, por assim dizer, desmoralizá-lo. Em outro momento, ele tenta desmoralizá-lo pelo lado oposto, isto é, por uma descrição daquilo que pretende que sejam as consequências da metafísica da subjetividade.

Entretanto, a desmoralização do sujeito através de semelhante manobra de pinças pressupõe a precedência de direito, embora não necessariamente de fato, de um conceito mais fundamental, mais originário que o de sujeito, um conceito do qual este seria, por assim dizer, um dos mal-entendidos, uma das distorções, degradações ou degenerações possíveis. Trata-se do conceito de *Dasein*. Embora essa palavra já existisse na língua alemã, significando existência não apenas humana, mas existência *simpliciter*, Heidegger a emprega somente para o ser humano, tendo em vista uma reativação dos seus componentes etimológicos. Palavra composta de *da*, que significa "aí", advérbio dêictico, e *sein*, que significa "ser" ou "estar", ela se traduziria por "ser-aí" ou, segundo a sugestão do filósofo espanhol Julián Marías, por "estar-aí". "Estar-aí" significa também estar ou ser no mundo, estar ou ser aberto, estar ou ser uma abertura ou na abertura para o mundo. Desse modo, a noção de *Dasein* evita a interioridade de uma consciência que se oponha ao mundo. Ao contrário do sujeito, *Dasein* é o ente aberto ao ser: o ser-aí é o ser aberto ao ser. O estar-aí está, desde sempre, no meio do mundo e aberto a ele.

Já a palavra "sujeito" vem de *sub-jectum*, o que está por baixo e diante, e designa o substrato das propriedades e dos estados de uma coisa, aquilo da coisa que permanece enquanto mudam as suas propriedades e os seus estados. Trata-se da tradução latina daquilo que Aristóteles chamava de *hypokeímenon*. Todas as coisas dadas são *subjecta*, antes de Descartes. É a partir do *cogito* que, segundo Heidegger, o "eu" humano torna-se o único *subjectum*, o único sujeito, para o qual todas as demais coisas são reduzidas a objetos. Assim, para Heidegger, ao nos considerarmos sujeitos, ficamos presos "a algo cujo ser guarda, explícita ou implicitamente, o sentido de ser simplesmente dado".[50] Nessa medida, coisifica-se o *Dasein*. Ao mesmo tempo, sendo concebido como autoconsciência, o sujeito é interiorizado e fechado, ou oposto ao mundo, exceto na medida em que este lhe possa ser instrumental.

Antes de prosseguir, observo que, para determinar a apócrise, não empreguei a palavra "sujeito". Isso não é surpreendente, pois conheço a crítica de Heidegger. Mais interessante, porém, é que o próprio Descartes jamais a utilizou no sentido tencionado por Heidegger. É Hobbes quem usa esse termo nas suas terceiras objeções às *Meditações* de Descartes, e, na sua resposta, Descartes critica o uso desse vocábulo, dizendo preferir palavras mais simples e abstratas.[51] Entretanto, como, depois de Descartes, essa palavra realmente entrou em circulação para falar do polo negativo, de modo que Kant, por exemplo, emprega a expressão "sujeito transcendental", não vou insistir neste ponto. Noto apenas que é evidentemente falsa a pretensão de Heidegger de que, com o *cogito*, fiquemos presos "a algo cujo ser guarda explícita ou implicitamente o sentido de ser simplesmente dado". Tudo o que expliquei anteriormente sobre o *cogito* mostra o absurdo de tomá-lo como um dado, pois todo dado pertence exatamente ao polo positivo, oposto ao seu. Ademais, o "fechamento" pode aplicar-se ao sujeito empírico, mas não ao transcendental; não a mim, enquanto negativo, já que, nessa qualidade, nada possuo de privado.

Heidegger interpreta a exigência moderna do *cogito* como resultado de um processo de secularização. Sua tese é — grosseiramente resumida — a de que, tendo se libertado ou se perdido da verdade da revelação bíblico-cristã e da doutrina da Igreja, o homem necessita de outra verdade absoluta. Não querendo mais buscá-la em uma esfera transcendente, que lhe possa ser recusada, ele busca um *fundamentum inconcussum veritatis*, um fundamento inconcusso da verdade, na certeza imanente do seu próprio ser, e esse fundamento é o *cogito sum*.[52]

A metafísica resultante consiste, de maneira geral, em:[53]

1. conceber o homem como sujeito, como fundamento eminente que jaz na base de toda representação dos entes e de suas verdades, sendo que todos os entes se tornam objetos para esse sujeito;

2. conceber o ente como aquilo que é representável pelo sujeito, de modo a garantir em toda parte ao homem a possibilidade de proceder em meio ao ente, pesquisá-lo, conquistá-lo, dominá-lo, pô-lo à disposição;

3. conceber como verdadeiro somente aquilo que é, por meio da representação, apresentado ao sujeito como indubitável e alcançável pelo cálculo, de modo que a verdade se reduz à certeza: de onde a importância do método, que é o nome

do proceder assegurador e conquistador ante o ente, de modo a pô-lo como objeto certo para o sujeito.

4. conceber o sujeito como detentor da decisão essencial sobre o que terá de se afirmar em geral como ente: o homem é quem tem essa disposição. A relação com o ente é o avassalador progresso até a conquista e o domínio do mundo.

Heidegger concebe a técnica moderna como incorporação dessa metafísica cartesiana da subjetividade, que recebe sua derradeira expressão na doutrina de Nietzsche da vontade de poder.[54] Em última análise, o mundo como um todo se transforma no que Heidegger chama de *Gestell*, ou *dispositivo*, já que a totalidade dos entes é concebida como reserva disponível e calculável.[55] Pertencem ao dispositivo o planejamento e a organização de todos os setores dos entes, a transformação do homem na primeira das matérias-primas, bem como a uniformidade resultante da abolição das hierarquias metafísicas e da equivalência da animalidade à humanidade. Esse anuviamento (*Verdüsterung*) do mundo provocado pela metafísica da subjetividade é o mesmo, quer nas sociedades liberais, quer nas socialistas. "O egoísmo subjetivo para o qual, quase sempre inadvertidamente, o eu é antes determinado como sujeito", diz Heidegger em 1938, "pode ser reprimido pelo alistamento do *eu* no *nós*. Com isso, a subjetividade só faz aumentar o seu poder."[56] Em 1935, ele havia afirmado:

Essa Europa, em uma cegueira desesperada, sempre a ponto de apunhalar a si própria, encontra-se hoje em uma grande pinça, pressionada pela Rússia, de um lado, e a América, de outro. Do ponto de vista metafísico, a Rússia e a América são o mesmo; o mesmo desolador frenesi da técnica desenfreada, a mesma organização sem fim do homem médio.[57]

Aqui, ele pensa que a Europa se encontra ameaçada pelo nivelamento do mundo produzido pelos Estados Unidos e pela União Soviética (cujos nomes oficiais ele desdenhosamente omite), potências que levam às últimas consequências a metafísica da subjetividade. A salvação se encontra, a seus olhos, sem dúvida, no coração da Europa, isto é, na Alemanha nacional-socialista. Depois da Segunda Guerra Mundial, nada mais, segundo ele, escapa desse nivelamento. "Tudo foi nivelado no mesmo nível", diz Heidegger, com sua típica redundância retórica, em 1951.[58] Mas não se pode deixar de desconfiar que realmente nivelado, ou melhor, nivelador é o seu olhar, quando põe no mesmo nível os campos nazistas de extermínio e a agricultura moderna: "A agricultura é hoje uma indústria alimentar motorizada, essencialmente a mesma coisa que a fabricação de cadáveres nas câmaras de gás, e os campos de extermínio, a mesma coisa que os bloqueios e a redução de países à fome, a mesma coisa que a fabricação de bombas de hidrogênio".[59]

Heidegger está sem dúvida certo quando considera o *cogito* o núcleo inaugurador da metafísica moderna. A melhor exposição do seu modo de pensar sobre essa questão se encontra na obra *Der europäische Nihilismus*. Nela, a um certo momento, Heidegger afirma que "a meditação histórica sobre a questão autêntica deve insistir em pensar o sentido tencionado pelo próprio Descartes para suas proposições e conceitos, mesmo quando, para isso, venha a ser necessário traduzir seus próprios enunciados para uma outra língua".[60]

Nesse ponto, penso que ele tem toda a razão, e foi exatamente isso que tentei fazer aqui, com a intenção oposta à dele. Assim como, ao falar do *cogito*, não é o pensamento particular de Descartes que me interessa, mas a concepção moderna do mundo, que denominei *apócrise*, assim também o verdadeiro alvo de Heidegger, ao atacar o *cogito*, não é Descartes, mas a concepção moderna do mundo.

Vimos que o *Dasein*, o estar-aí ou o ser-aí, já deveria ser, segundo o próprio nome, aberto ao ser. Mas em que consiste essa "abertura"? Exatamente na confusão entre o polo negativo e o polo positivo da apócrise. Com o *Dasein*, desaparece a distinção entre esses dois polos. É isso que permite a Heidegger, no sexto parágrafo, crucial, de *Ser e tempo*, afirmar que

> o *Dasein* "é" o seu passado no modo do *seu* ser, que, *grosso modo*, sempre acontece a partir do seu futuro. O *Dasein*, em cada um dos seus modos de ser, e, assim, também na compreensão do ser que lhe pertence, foi sempre criado numa interpretação tradicional de si mesmo. Ele se compreende em primeiro lugar e, de certo modo, permanentemente, a partir dela. Essa compreensão abre as possibilidades do seu ser e as regula. Seu próprio passado — e isso quer sempre dizer o da sua "geração" — não *segue* o *Dasein*, mas sempre o precede.[61]

E adiante: "Somente apropriando-se positivamente do seu passado é que o *Dasein* pode entrar na posse integral das possibilidades mais próprias de seu questionamento".[62] Isso é o que ele chama historicidade do *Dasein*. Em última análise, através da destruição da metafísica — que é, essencialmente, como já foi dito, a metafísica cartesiana — o *Dasein*, libertando-se do *cogito*, isto é, das ilusões de uma tradição universalista e anti-historicista esclerosada, ficaria livre para recuperar a sua particularidade histórica e nela mergulhar. De novo, no também crucial parágrafo 74, Heidegger afirma que o *Dasein* tem de fato sempre a sua "história" e pode ter algo assim porque é um ente cujo ser é constituído pela historicidade.[63] Ele sempre existe com outros e, com eles, retoma uma herança, em vista do futuro.[64]

Do ponto de vista da apócrise, a "abertura" do *Dasein* não passa de um aprisionamento na particularidade. Se o *cogito* torna possível relativizar o dado, o positivo, o particular, a partir do reconhecimento da sua contingência, de modo a valorizar a dimensão da possibilidade, diante da facticidade, uma vez que toma esta como apenas uma das possibilidades daquela, a noção de *Dasein* tem, ao contrário, a função de valorizar a facticidade ante a possibilidade, pois esta é por ela tomada como uma função daquela. Do mesmo modo, o *cogito* valoriza o infinito perante o finito, enquanto a noção de *Dasein* tem a função de valorizar o finito. No mesmo parágrafo 74, lê-se:

> Se o *Dasein* fatídico existe como estar-no-mundo, essencialmente, no convívio com os outros, o seu acontecer é um acontecer em conjunto, e é determinado como *destino*. Com este termo, designamos o acontecer da comunidade, do povo (*Volk*). O destino não se compõe de destinos singulares, assim como a convivência não pode ser concebida como a ocorrência conjunta de vários sujeitos. Na convivência em um mesmo mundo e na decisão por determinadas possibilidades, os destinos já estão antecipadamente orientados. É somente na participação e na luta que se libera o poder do destino. O destino fatídico do *Dasein* em e com a sua "geração" constitui o acontecimento pleno e autêntico do *Dasein*.[65]

É aqui que se revela plenamente o sentido da noção de *Dasein*: posto brutalmente, ela representa a desvalorização do indivíduo e da sociedade (*Gesellschaft*) e a revalorização da comunidade (*Gemeinschaft*). Por esse caminho, Heidegger se liga diretamente a uma tradição anti-iluminista e anti-humanista alemã, iniciada no século XVIII, com Hamann e Herder (se não antes, com Lutero), e fortalecida após a Revolução Francesa e as invasões napoleônicas.

É nesse contexto que Heidegger diz que

somente a antecipação da morte é capaz de expulsar toda possibilidade casual e "provisória". Somente o ser livre *para* a morte propicia ao *Dasein* a meta incondicional, e lança a existência em sua finitude. Ao ser assumida, a finitude da existência arranca o *Dasein* de volta da multiplicidade infinda das possibilidades de prazer, leviandade e tergiversação que de imediato se oferecem, e o traz para a simplicidade de seu *destino*.[66]

É a aceitação pelo indivíduo da sua própria morte que lhe permite compreender claramente o caráter acidental da sua vida, em relação à da comunidade, essencial. Essa ideia é expressada ainda mais claramente na obra sobre o hino "Germanien", de Hölderlin:

A capacidade de escutar não é o que cria a relação de um com o outro, isto é, a comunidade, mas a pressupõe. Essa comunidade original não surge inicialmente pelo estabelecimento de uma relação recíproca — desse modo só surge a sociedade —, mas a comunidade *é* através da ligação prévia de *cada indivíduo* com aquilo que, superando cada indivíduo, liga-os e os determina. Tal coisa deve evidentemente ser o que nem o indivíduo para si, nem a comunidade enquanto tal é. A camaradaria (*Kameradschaft*) dos soldados do front não se fundamenta nem no fato de que foi preciso estar com os demais porque faltavam outras pessoas, que se encontravam longe, nem no fato de que eles se convenceram mutuamente a um entusiasmo comum, mas, profunda e unicamente, no fato de que a proximidade da morte como de um sacrifício pôs cada qual previamente na mesma nulidade, de modo que esta se tornou a fonte do pertencimento mútuo incondicional. Precisamente a morte, que cada homem tem que morrer para si, e que individualiza ao mais extremo cada indivíduo, precisamente a morte e a disposição ao seu sacrifício cria, antes de qualquer outra coisa, o espaço da comunidade, a partir da qual surge a camaradaria.[67]

O pensamento de Heidegger aqui se liga diretamente àquilo que Domenico Losurdo, a partir de Thomas Mann, chama de "ideologia da guerra".[68]

Assim, Heidegger relativiza o *cogito* através da noção de *Dasein*, e o *Dasein* autêntico é aquele que, antecipando a própria morte, está disposto a se sacrificar pela comunidade a que pertence. A comunidade é a verdade do *Dasein*. A palavra "verdade", aqui, deve ser levada a sério. Como se sabe, Heidegger relativiza também o conceito de "verdade" moderno, propondo como mais originário o sentido etimológico da palavra grega para verdade — *alétheia* —, isto é, desvelamento ou desocultamento. Ora, a relação de *Dasein* com o mundo pode ser inautêntica, quando o seu modo de ser peculiar, que é o estar no mundo, é velado, ou autêntica, quando ele lhe é revelado, e, neste caso, a comunidade se apresenta como a verdade do *Dasein*.[69] Desse modo, o Estado pode ser considerado a verdade do povo:

> Que ocorre então no se tornar Estado do povo (*des Volkes*)? Aqueles poderes, a natureza, a história, a arte, a técnica, o Estado mesmo tornam-se capturados *através* da lei do estabelecimento dos seus limites. E assim torna-se manifesto o que torna um povo seguro, brilhante e forte. Ora, a manifestação desses poderes é a essência da *verdade*. No estabelecimento desses poderes, o Estado em formação repõe o povo em sua *verdade* efetiva.[70]

Nessa perspectiva, é evidente que perde qualquer sentido o conceito de direitos humanos ou de direito puramente racional. Acima deles encontra-se o direito da comunidade, cuja verdade — cujo ser, diz, às vezes, Heidegger[71] — é o Estado.

Diante disso, será surpreendente que, quando Lévinas descreve o interesse filosófico do nazismo, ele poderia estar a descrever o pensamento de seu antigo mestre, Heidegger? Para a filosofia nazista, afirma ele,

> a essência do homem não está mais na liberdade, mas numa espécie de encadeamento. Ser verdadeiramente a si mesmo não é retomar o seu voo acima das contingências, sempre estranhas à liberdade do seu eu; é, ao contrário, tomar consciência do encadeamento original inelutável, único ao nosso corpo; é sobretudo aceitar esse encadeamento. [...] O homem não se encontra mais ante um mundo de ideias em que pode escolher por uma decisão soberana da sua livre razão a sua própria verdade — ele está desde sempre ligado a algumas delas, como está ligado pelo seu nascimento com todos os que são do seu sangue. Ele não pode mais brincar com a ideia, pois, originada do seu ser concreto, ancorada na sua carne e no seu sangue, ela conserva a seriedade deles.[72]

Dado tudo o que sabemos hoje, como é possível a influência gigantesca e crescente de semelhante pensamento no mundo contemporâneo? Não consegui deixar de enunciar essa questão, mas, na verdade, ela foge do nosso assunto principal, de modo que nem poderei tentar responder-lhe aqui. Sugerirei apenas que, como foi através de pensadores franceses que Heidegger readquiriu, e até superou, sua prévia estatura intelectual, talvez isso tenha a ver — de modo paradoxal, mas compreensível — justamente com o feroz anticartesianismo do seu pensamento. Ou talvez tenha a ver com o fato de que, dadas as revelações sobre os regimes terroristas de Stálin, Mao Tsé-tung, Pol Pot etc., e dado o colapso da União Soviética, tenha sido preferível, para muitos intelectuais, sair do marxismo de cabeça erguida, trocando-o por uma filosofia pretensamente mais radical do que ele, uma filosofia não menos capaz de, por um lado, diagnosticar (mas com maior *Gründlichkeit*) e desprezar a realidade (tida por insuportável) do mundo capitalista e liberal em que vivemos, mostrando a sua origem no esquecimento metafísico do ser (esquecimento responsável também pelos mundos terroristas do socialismo real e do nazismo...), e de, por outro, desdenhar (mas, igualmente, com argumentos mais *gründlich*) não só o que, desde o marxismo, eles já haviam considerado embuste da democracia, dos direitos humanos etc., mas também o próprio homem, a própria subjetividade, a própria razão, tidos (mais ou menos como o humanitarianismo, a psicologia, o senso comum) como manifestações em última análise sentimentaloides do individualismo burguês.

Mas deixemos agora Heidegger e, à luz do que ele disse, voltemos aos relativistas culturais pós-heideggerianos e, em particular, à entrevista em que Derrida afirma não ser relativista:

> Não sou relativista e aos que acreditam poder tirar uma lição relativista das leituras de meus textos diria simplesmente que se enganam. O relativismo é uma filosofia que consiste em dizer que todas as perspectivas se equivalem, que todos os pontos de vista têm o mesmo valor e que tudo depende do lugar onde o indivíduo se encontra, do tempo, do assunto etc. Nunca pensei desse modo. Creio que a origem dos mal-entendidos no caso se deve a que *sou muito enfático a respeito da singularidade e das diferenças: a singularidade das culturas, das nações, das línguas.*

Culturas, nações, línguas: Derrida é enfático a respeito da singularidade e das diferenças de entidades comunitárias, não de indivíduos. Entretanto, o que significa a ênfase na singularidade das comunidades, senão a afirmação da sua irredutibilidade? Desse modo, uma cultura é considerada irredutível: irredutível a qualquer outra cultura, irredutível a qualquer denominador comum às diferentes culturas, e irredutível aos indivíduos que as compõem. Que quer dizer isso? Que não há nenhum critério externo pelo qual se possa julgar uma cultura. Uma cultura só pode ser julgada — se tanto — por si própria, pelos seus próprios critérios. Mas como chamar tal posição, digamos, multiculturalista, senão de relativista? Ora, se compararmos esse tipo de relativismo cultural pós-heideggeriano com o relativismo apocrítico ou moderno que anteriormente descrevemos, veremos que:

1.
a) o relativismo moderno exige a liberdade irrestrita da crítica;
b) o relativismo cultural restringe a crítica à crítica interna a cada cultura, quando muito;

2.
a) o relativismo moderno defende a sociedade aberta;
b) o relativismo cultural defende a comunidade fechada;

3.
a) o relativismo moderno defende o direito como liberdade;
b) o relativismo cultural defende o dever da conformidade;

4.
a) o relativismo moderno é consistente, pois não relativiza a si próprio, já que considera falar sobre o polo positivo (e relativo) do ser a partir do seu polo negativo (e absoluto);
b) o relativismo cultural é inconsistente, pois considera falar sobre a relatividade das culturas a partir de uma cultura ela mesma relativa, o que o sujeita ao Paradoxo do Mentiroso e à peritropia.

O quarto ponto é extremamente importante. Para ser coerente, o relativista cultural se obriga a dar valor às crenças vigentes em diferentes culturas, mesmo quando são intolerantes e antirrelativistas. Com isso, como diz Platão sobre Protágoras, "ele é vulnerável no sentido de que às opiniões dos outros dá valor, enquanto esses não reconhecem nenhuma verdade às palavras dele".[73] Assim, enquanto o relativismo apocrítico, sendo compatível com a defesa de direitos humanos universais, é, por exemplo, capaz de condenar a prática da cliteroctomia em qualquer parte do mundo, o relativismo cultural, para ser consistente, é obrigado à tomá-la como assunto interno das culturas que a praticam, de modo que, por respeito à singularidade delas, condenaria como etnocêntrica qualquer crítica externa, feita em nome dos direitos humanos.

É nesse sentido que me parece que a difusão contemporânea da ideologia do relativismo cultural conduz ao silêncio dos intelectuais, precisamente nas ocasiões em que se espera que eles, em virtude de serem intelectuais, se manifestem publicamente.

Para o intolerante, o intelectual tolerante ou relativista, que age desse modo, não passa de um fraco, a quem falta caráter, convicção ou fé. Não é difícil perceber que as consequências disso podem vir a ser catastróficas, num mundo em que os fundamentalismos religiosos têm se tornado cada vez mais comuns. O resultado é que pode parecer que nos encontramos, neste começo de milênio, ante o dilema de sermos ou intolerantes ou fracos. Aplicam-se agora mais do que nunca as palavras famosas de Yeats: *"The best lack all conviction, while the worst/ Are full of passionate intensity"*.[74]

Notas

OS DIREITOS HUMANOS VS. O NEOFASCISMO [pp. 9-24]

1. Termo sugerido por Donald P. Kent e Robert G. Brunigh em "Group Centrism in Complex Societies". *The American Journal of Sociology*, v. 57, n. 3, p. 256, nov. 1951.

2. Michel de Montaigne, "Des Canibales". In: _____, *Essais*. Paris: Garnier, 1948, livro I, c. XXXI, p. 234.

3. Ibid., p. 239.

4. Ênfase minha.

5. Michel de Montaigne, "Des Canibales", op. cit., p. 239.

6. Id., "De la Phisionomie". In: _____, *Essais*, op. cit., livre III, c. XII, p. 397 (ênfase minha).

7. Alexandre Koyre, *Entretiens sur Descartes*. Nova York: Brentano's, 1944, p. 34.

8. Ibid.

9. Michel de Montaigne, "De la Vanité". In: _____, *Essays*. Paris: Garnier, 1948, livro III, c. IX, p. 195.

10. Amartya Sen, "The Priority of Reason". In: _____, *Identity and Violence: The Illusion of Destiny*. Nova York: W. W. Norton & Company, 2006. E-book, posição 2416.

11. Ibid.

12. Immanuel Kant, *Kritik der reinen Vernunft*. Darmstadt: Wissenschaftliche Buchgesellschaft, Sonderausgabe, 1983, p. A xi (nota de pé de página).

13. René Descartes, *Discours de la méthode*. Paris: Vrin, 1976, p. 16.

14. Como diz Espinosa, *"unaquaeque res, quantum in se est, in suo esse perseverare conatur"* [qualquer coisa, na medida em que é em si, tenta perseverar em seu ser].

15. Michel de Montaigne, "D'un Enfant monstrueux". In: _____, *Essays*, livro ii, c. xxx, p. 435 (ênfase minha).

16. Platão, *Leges*. Oxford: Clarendon, 1907, v. iv, p. 798 a-b.

17. Jonathan I. Israel, *Radical Enlightenment: Philosophy and the Making of Modernity 1650-1750*. Oxford: Oxford University Press, 2001, parte i, c. 2.

18. Ferdinand Tönnies, *Community and Civil Society*. Trad. de J. Harris e M. Hollis. Cambridge: Cambridge University Press, 2001, p. 253.

19. Ibid.

20. Ibid., pp. 249-50.

21. Norbert Elias, *Über den Prozess der Zivilisation*. Frankfurt am Main: Suhrkamp, 1977, v. i, p. 96.

22. Friedrich Nietzsche, "Aus dem Nachlass der Achzigerjahre". In: Karl Schlechta (Org.), *Werke*. Berlim: Direkt Media, 2000, Digitale Bibliothek, v. 31, p. 837, § 121.

23. Oswald Spengler, *Der Untergang des Abendlandes*. München: Beck, 1923, p. 42.

24. Georg Simmel, "Der Begriff und die Tragödie der Kultur". In: _____, *Philosophische Kultur*. Leipzig: Alfred Kröner, 1919, pp. 223-53.

25. Citado por Jeffrey Herf, *Reactionary Modernism: Technology, Culture and Politics in Weimar and the Third Reich*. Cambridge: Cambridge University Press, 1986, p. 148.

26. Friedrich Nietzsche, "Der Antichrist: Fluch auf das Christentum". In: Karl Schlechta (Org.), *Werke*, op. cit., v. 31, p. 1225, § 57.

27. A outra fonte da ideia de que os governantes têm direito de recorrer à mentira sagrada é sem dúvida Crítias, o igualmente aristocrático primo de Platão. Graças a uma citação de Sextus Empiricus, preservou-se um fragmento de sua peça *Sísifo* no qual o personagem principal afirma que os deuses foram inventados para que cada indivíduo, temendo ser permanentemente observado e julgado por eles — até mesmo em seus mais secretos pensamentos —, jamais ouse violar a lei, ainda que nenhum outro ser humano testemunhe seus atos. Isso mostra que, ao contrário daquilo que Foucault queria crer, o pan-óptico com que sonhou Bentham não surgiu na época moderna. A religião já o havia não apenas sonhado, mas realizado.

28. Platão, *Leges*. Oxford: Clarendon, 1907, v. iv, p. 798b.

29. Ibid., 663d.

30. Id., *Republic*. Oxford: Clarendon, 1902, pp. 382 d, 389 b, 459 c.

31. Friedrich Nietzsche, "Der Antichrist: Fluch auf das Christentum". In: Karl Schlechta (Org.), *Werke*, op. cit., v. 31, p. 1228.

32. Id., "Aus den Nachlass der Achzigerjahre". In: Karl Schlechta (Org.), *Werke*, op. cit., v. 32, p. 845.

33. Citado por Manfred Schneider, "Barbaren zwischen Poesie und Politik: Erneuerungskonzepte im 20. Jahrhundert". Salzburg, 2005.

34. Ernst Jünger, *Der Arbeiter*. Stuttgart: Ernst Kett, 1981, p. 58.

35. Citado por Franz Martin Wimmer, "Rassismus und Kulturphilosophie". In: Gernot Heiss (Org.), *Willfärige Wissenschaft: Die Universität Wien 1938-1945*. Wien: Verlag für Wissenschaftskritik, 1989, p. 12.

36. Andreas Breitenstein, "Der Terror in den Köpfen". *Neue Zürcher Zeitung*, Zürich, 23 jul. 2005.

37. Amartya Sen, *Identity and Violence: The Illusion of Destiny*. Nova York: W. W. Norton & Company, 2006, p. 19.

HOMERO E A ESSÊNCIA DA POESIA [pp. 25-42]

1. Martin Heidegger, "Die Zeit des Weltbildes". In:_____, *Holzwege*. Frankfurt am Main: Vittorio Klostermann, 1952, p. 81.

2. Ibid., p. 82.

3. Id., "Der Wille zur Macht als Kunst". In: _____, *Nietzsche*, vol. I, Pfullingen: Neske, 1961, p. 93.

4. Ibid., p. 66.

5. Id., "Der Ursprung des Kunstwerkes". In: _____, *Holzwege*, op. cit., p. 62.

6. Benedito Nunes, "Poética do pensamento". In: Adauto Novaes (Org.), *Artepensamento*. São Paulo: Companhia das Letras, 1994.

7. Martin Heidegger, "Hölderlin und das Wesen der Dichtung". In: _____, *Erläuterungen zu Hölderlins Dichtung*. Frankfurt am Main: Vittorio Klostermann, 1951, p. 39.

8. Ibid., p. 40.

9. Ibid., p. 43.

10. Id., "Der Ursprung des Kunstwerkes". In: _____, *Holzwege*, op. cit., p. 251.

11. Ibid., p. 95.

12. Id., "Hölderlin und das Wesen der Dichtung". In: _____, *Erläuterungen zu Hölderlins Dichtung*, op. cit., p. 33.

13. Hesíodo, *Teogonia*. México: Universidad Autónoma de México, 1978, vv. 52 ss.

14. Homero, "In Mercurium". In: T. Allen (Org.), *The Homeric Hymns*. Oxford: Clarendon, 1936, v. 429.

15. Plutarco, "Quaestiones conviviales IX". In: _____, *Moralia*. Cambridge, Mass.: Harvard University Press, 1993, v. IX, p. 266.

16. Eric A. Havelock, *Preface to Plato*. Cambridge, Mass.: Harvard University Press, 1963, p. 91. Observe-se, porém, que, em texto escrito quase vinte anos mais tarde, Havelock reconhece que "a memória oral trata primariamente do presente; coleta e recoleta o que está sendo feito agora ou o que é adequado à situação presente. Relata as instituições do presente, não as do passado" (Eric A. Havelock, "The Oral and the Written Word: A Reappraisal". In: _____, *The Literate Revolution in Greece and its Consequences*. Nova Jersey: Princeton University Press, 1982, p. 23).

17. Eric A. Havelock, *Preface to Plato*, op. cit., p. 27.

18. Hesíodo, *Teogonia*, op. cit., v. 27.

19. Homero, *L'Odyssée*. Paris: Les Belles Lettres, 1924, c. XIX, p. 203.

20. Friedrich Nietzsche, "Die Geburt der Tragödie aus dem Geiste der Musik". In: Hans H. Holz (Org.), *Friedrich Nietzsche: Studienausgabe in 4 Bänden*. Frankfurt: Fischer, 1968.

21. Hesíodo, *Teogonia*, op. cit., vv. 53-5.

22. Homero, *L'Odyssée*, op. cit., c. VIII, pp. 57-73.

23. Ibid., c. I, pp. 351-2.

24. Aristóteles, "De memoria et reminiscentia", 450a. In: Immanuel Bekker e Olof Cigon (Orgs.), *Aristotelis Opera*. Berlim: Walter de Gruyter, 1960, v. I, pp. 24-70.

25. Tomás de Aquino, "In IV sententiarum". In: Roberto Busa (Org.), *Opera omnia*. Genova: Marietti, 1950, quaestio 3, articulus 3.

26. Thomas Hobbes, *Leviathan*. Cambridge: Cambridge University Press, 1996.

27. Eric A. Havelock, *Preface to Plato*, op. cit., p. 100.

28. Hermann Fränkel, *Dichtung und Philosophie des frühens Griechentums*. München: Beck, 1993, p. 17.

29. Alfred B. Lord, *The Singer of Tales*. Cambridge, Mass.: Harvard University Press, 1968, p. 28.

30. Ibid., p. 100.

31. Ibid., p. 13.

32. Milman Parry, *The Making of Homeric Verse*. Oxford: Oxford University Press, 1987.

33. Alfred B. Lord, *The Singer of Tales*, op. cit., p. 35.

34. Barry B. Powell, *Homer and the Origin of the Greek Alphabet*. Cambridge, Mass.: Cambridge University Press, 1991, p. 224.

35. Alfred B. Lord, *The Singer of Tales*, op. cit.

36. Ibid., p. 4.

37. Heródoto, *Historias*. México: Universidad Autónoma de México, 1976, p. 148.

38. Provavelmente ele se referia a um poema de Safo do qual hoje nos resta apenas um fragmento, o n. 55. Cf. Safo. In: David A. Campbell (Org.), *Greek Lyric*. Cambridge, Mass.: Harvard University Press, 1982, v. I., p. 98.

39. Píndaro, "Nemean VII". In: John E. Sandys (Org.), *The Odes of Pindar*. Cambridge, Mas.: Harvard University Press, 1937, p. 382, vv. 20-1.

40. Ibid., "Pythian III", p. 194, vv. 112-5.

41. Ibid., "Nemean VII", p. 380, vv. 12-6.

42. Íbico, "Fragmenta". In: Denys L. Page (Org.), *Poetae melici graeci*. Oxford: Clarendon, 1962, fr. 1a, 47.

43. Platão, "Ion". In: John Burnet (Org.), *Platonis opera*. Oxford: Clarendon, 1903, v. 3, 533c-d.

44. É claro que, se não fosse a arte — *téchne* — que Sócrates despreza nesse trecho, o performer não dominaria a língua poética e/ou musical; e que, sem dominar a língua poética e/ou musical, ele não seria capaz de se entusiasmar ou de entusiasmar os outros.

45. Homero, *L'Odyssée*, op. cit., c. VIII, pp. 487-91.

46. Ibid., c. VIII, pp. 478-81.

47. Luciano de Samosata, "Quomodo historia conscribenda sit". In: K. Kilburn (Org.), *Lucian*. Cambridge, Mass.: Harvard University Press, 1968, v. 6, § 8.

48. Arnold Hauser, *The Social History of Art*. Nova York: Vintage Books, 1951, p. 58.

49. Teógnis, *Théognis: Poèmes èlégiaques*. Org. de Jean Carrière. Paris: Les Belles Lettres, 1975, c. I, 15, p. 58.

50. Homero, *L'Odyssée*, op. cit., c. XVII, p. 382.

51. Eric A. Havelock, *Preface to Plato*, op. cit., p. 94.

52. Homero, *L'Odyssée*, op. cit., c. I, p. 340.

53. Ibid., c. XVII, pp. 518-21.

54. Johann W. Goethe e Max Hecker (Orgs.), *Maximen und Reflexionen*. Weimar: Goethe-Gesellschaft, 1907, p. 65.

55. Homero, *L'Odyssée*, op. cit., c. VIII, pp. 44-5.

A POESIA ENTRE O SILÊNCIO E A PROSA DO MUNDO [pp. 43-61]

1. Aristóteles, "De arte poética". In: Immanuel Bekker e Olof Gigon (Orgs.), *Aristotelis Opera*. Berlim: Walter de Gruyter, 1960, v. i, pp. 1447b17 ss.

2. Georg Wilhelm Friedrich Hegel, *Vorlesungen über die Ästhetik*. Frankfurt: Suhrkamp, 1970, v. 3, pp. 242-4.

3. Alex Varella, *Céu em cima. Mar em baixo*. Rio de Janeiro: Topbooks, 2012, p. 93.

4. Georg Wilhelm Friedrich Hegel, *Phänomenologie des Geistes*. Frankfurt: Suhrkamp, 1970, p. 36 (ênfase dele).

5. Id., *Wissenschaft der Logik*. Hamburgo: Felix Meiner, 1975, p. 6 (ênfase dele).

6. Aristóteles, "Metafisica". In: Immanuel Bekker e Olof Gigon (Orgs.), *Aristotelis Opera*, op. cit., v. i, pp. 1020'33.

7. Georg Wilhelm Friedrich Hegel, *Enzyklopädie der philosophischen Wissenschaften*. Frankfurt: Suhrkamp, 1970, v. 1, § 80, p. 169 (ênfase minha).

8. Id., *Vorlesungen über Ästhetik*. Frankfurt: Suhrkamp, 1970, v. 1, p. 196.

9. Ludwig Wittgenstein, *Zettel*. México: Universidad Nacional Autónoma de México, 1979, § 160, p. 31.

10. Platão, "Fedro". In: John Burnet (Org.), *Platonis opera*. Oxford: OUP, 1989, pp. 278d8 ss.

11. Wystan Hugh Auden, "Squares and Oblongs". In: Edward Mendelson (Org.), *The Complete Works of W. H. Auden*. Princeton: Princeton University Press, 2002, v. ii: Prose, p. 344.

12. Jean-Paul Sartre, *Qu'est-ce que la littérature?*. Paris: Gallimard, 1948, p. 18.

13. Georg Wilhelm Friedrich Hegel, *Vorlesungen über die Ästhetik*. Frankfurt: Suhrkamp, 1970, v. 3, p. 269.

14. "Nuvens i// Não haverá uma só coisa que não seja/ uma nuvem. São nuvens as catedrais/ de vasta pedra e bíblicos cristais/ que o tempo aplanará. São nuvens a *Odisseia*/ que muda como o mar. Algo há distinto/ cada vez que a abrimos. O reflexo/ de tua cara já é outro no espelho/ e o dia é um duvidoso labirinto./ Somos os que se vão. A numerosa/ nuvem que se desfaz no poente/ é nossa imagem. Incessantemente/ a rosa se converte noutra rosa./ És nuvem, és mar, és olvido./ És também o que já está perdido" (Jorge Luis Borges, "Los conjurados", *Obras completas*, v. 2., p. 478 (tradução minha).

15. Jacques Roubaud, *Poésie (récit)*. Paris: Seuil, 2000, p. 40.

16. Georg Wilhelm Friedrich Hegel, *Vorlesungen über die Ästhetik*. Frankfurt: Suhrkamp, 1970, v. 3, p. 270.

17. Homero, *L'Odyssée*. Paris: Belles Lettres, 1992, c. viii, pp. 260-5.

18. Ibid., c. xvii, pp. 518-21.

19. Ferreira Gullar, *Em alguma parte alguma*. Rio de Janeiro: José Olympio, 2010, p. 47.

20. Dessa frase vem a famosa locução litúrgica latina "*Memento, homo, quia pulvis est et in pulverem reverteris*" [Lembra-te, homem, de que pó és e ao pó voltarás].

POESIA E PREGUIÇA [pp. 62-79]

1. T.S. Eliot, "Tradition and the Individual Talent". In: _____, *Sellected essays*. Londres: Faber and Faber, 1951, p. 17.

2. Poetry Foundation, "Biography of T.S. Eliot". Disponível em: <www.poetryfoundation.org/bio/t-s-eliot>. Acesso em: 1 set. 2011.

3. Bertrand Russell, "In Praise of Idleness". In: _____, *In Praise of Idleness and Other Essays*. Nova York: Routledge, 2004, p. 7.

4. Ambrose Bierce, "The Devil's Dictionary". Disponível em: <www.gutenberg.org/ebooks/972>. Acesso em: 1 set. 2011.

5. Friedrich Nietzsche, *Além do bem e do mal*. Trad., notas e posf. de Paulo César de Souza. São Paulo: Companhia das Letras, 1992, p. 89.

6. Ovídio, *Tristia*. In: Sidney G. Owen (Org.), *Tristia/ Ex ponto*. Cambridge: Harvard University Press, 1988, p. 198, livro IV, cap. X, verso 21ss.

7. Charles Baudelaire, "Mon Coeur mis à nu". In: _____, *Oeuvres complètes*. Paris: Laffont, 1980, p. 419.

8. Citado por Johannes Stobaeus, *Anthologium*. Berlim: Weidman, 1958, livro IV, cap. XXXII.

9. Theodor Adorno, "The Stars Down to Earth: The Los Angeles Times Astrology Column". In: Rolf Tiedemann (Org.), *Soziologische Schriften II*. Frankfurt: Suhrkamp, 2003, p. 107.

10. Ibid.

11. Paul Valéry, "Le Bilan de l'intelligence". In: _____, *Variété*. Paris: Gallimard, Pleiade, 1935, pp. 1068-69, t. I.

12. Lucius Annaeus Seneca, "Epistula LXXXIV". In: _____, *Ad Lucilium epistulae Morales*. Oxford: Clarendon, 1972, v. II.

13. João Cabral de Melo Neto, *Correspondência de Cabral com Bandeira e Drummond*. Org. de Flora Sussekind. Rio de Janeiro: Sette Lettras; Belo Horizonte: UFMG, 1998.

14. Vinicius de Moraes, *Nova antologia poética*. Sel. e org. de Antonio Cicero e Eucanaã Ferraz. São Paulo: Companhia das Letras, 2005, p. 141.

15. *Le Fou de la peinture: Hokusai et son temps*, catálogo de exposição do Centre Culturel du Marais, Paris: Cres, 1980, p. 217.

16. W. H. Auden, *Fazer, saber e julgar*. Trad. de Ângela Melim. Santa Catarina: Noa Noa, 1981, p. 22.

17. Georg Wilhelm Friedrich Hegel, *Wissenschaft der Logik*. Hamburgo: Felix Meiner, 1975, p. 54.

18. Guy de Maupassant, *Sur l'Eau*. Paris: Arthaud Poche, 2019.

19. Theodor Adorno, *Minima moralia*. Frankfurt: Suhrkamp, 1969, p. 208.

20. Haroldo de Campos, "Poesia e modernidade: Da morte do verso à constelação. O poema pós-utópico". In: _____, *O arco-íris branco*. Rio de Janeiro: Imago, 1997, p. 269.

21. Manuel Bandeira, "Belo belo". In: _____, *Poesia completa e prosa*. Rio de Janeiro: Aguilar, 1967, p. 334.

22. Juan Ramón Jiménez, *Diary of a newlywed poet/ Diario de un poeta reciencasado*, ed. bilíngue. Trad. de Hugh A. Harter. Susquehanna: Susquehanna University Press, 2004.

23. "Odeio e amo. Por que o faço, talvez perguntes?/ Não sei, mas sinto ocorrer e me torturo" (Catulo, "Ode LXXXV". In: José Vergés [Org.], *Poesías [Selección]*. Barcelona: Bosch, 1967, p. 63 [tradução minha]).

24. Manuel Bandeira, "Itinerário de Pasárgada". In: Júlio Castañon Guimarães (Org.), *Seleta de prosa*. Rio de Janeiro: Nova Fronteira, 1997, p. 341.

25. Charles Baudelaire, *Oeuvres complètes*. Paris: Laffont, 1980, p. 19.

26. "Mergulharei a cabeça embriagadamente apaixonada/ Nesse negro oceano em que o outro está encerrado;/ E meu espírito sutil que o balanço acaricia/ Saberá reencontrar-te, ó fecunda preguiça" (tradução minha).

27. Ibid., p. 224.

28. Ibid., p. 225.

29. Ibid.

30. Ibid., p. 226.

31. Ibid., p. 227.

A RAZÃO NIILISTA [pp. 80-104]

1. Friedrich Nietzsche, *Der Wille zur Macht,* Stuttgart: Alfred Kröner, 1996, p. 10.

2. Id., "Die fröhliche Wissenschaft". In: Karl Schlechta (Org.), *Werke*. München: Hanser, 1954, v. 2, § 346.

3. Id., *Além do bem e do mal*. Trad., notas e posf. de Paulo César de Souza. São Paulo: Companhia das Letras, 1992, p. 8.

4. Ibid.

5. Id., "O Anticristo". In: _____, *O Anticristo e ditirambos de Dionísio*. Trad., notas e posf. de Paulo César de Souza. São Paulo: Companhia das Letras, 2007, § 18.

6. Id., *Der Wille zur Macht*. Org. de Peter Gast e Elizabeth Förster-Nietzsche. Stuttgart: Alfred Kröner, 1996, § 22-3.

7. Ibid., Vorrede, § 3.

8. Martin Heidegger, *Einführung in die Metaphysik*. Tübingen: Max Niemeyer, 1953, p. 212, § 58.

9. Theodor Adorno, "Der Essay als Form". In: Rolf Tiedemann (Org.), *Gesammelte Schriften*. Frankfurt am Main: Suhrkamp, 2003.

10. Étienne Gilson, *El ser y los filósofos*. Pamplona: Ediciones Universidad de Navarra, 1985, p. 24

11. Ele tem razão, é claro. Não é só o Deus de Espinosa ou o Deus de Descartes, mas o Deus de toda filosofia — e mesmo de toda teologia racional — que se opõe ao deus concreto e pessoal da religião. A verdade é que não há, por exemplo, como conciliar a substância simples e eterna que constitui o *primum mobile*, o Deus de Aristóteles, que não passa de pura forma e pura inteligência, cujo pensamento só tem como conteúdo a si mesmo, νόησις νοήσεως, pensamento do pensamento ou inteligência da inteligência, com o Deus judaico-cristão, que se interessa pelos homens, dirige-se a eles, conversa com eles, dá-lhes instruções, recompensa-os ou os pune etc. Assim, ao usar as provas aristotélicas da existência de Deus, Tomás de Aquino conseguiria, no máximo — caso essas "provas" fossem inatacáveis —, provar a existência de um Deus incompatível com o Deus da sua religião.

12. Friedrich Heinrich Jacobi, *Schriften zum Spinozastreit*. Hamburgo: Meiner, 1998, p. 99.

13. Ibid.

14. Ibid.

15. Baruch Espinosa, "Epístola xxxvi". In: Carl Gebhardt (Org.), *Opera*. Heidelberg: Heidelberger Akademie der Wissenschaften, 1925, v. iv, p. 184.

16. Ibid., p. 185.

17. Baruch Espinosa, "Tractatus de intellectus emendatione". In: Carl Gebhardt (Org.), *Opera*, op. cit., v. ii, p. 33.

18. Os gregos não tinham nenhuma palavra para a latina *absolutum*. O mais próximo talvez seja a palavra ἀνυπόθετον, literalmente algo como *incondicionado*. Foi Nicolau de Cusa, já no século xv, o primeiro filósofo que tornou o adjetivo "absoluto", substantivado, uma das categorias fundamentais da metafísica.

19. Baruch Espinosa, "Ethica". In: Carl Gebhardt (Org.), *Opera*. Heidelberg: Heidelberger Akademie der Wissenschaften, 1925, v. ii, def. iii, p. 45.

20. Georg Wilhelm Friedrich Hegel, *Wissenschaft der Logik,* Hamburgo: Felix Meiner, 1975, p. 66.

21. Id., *Enzklopädie der philosophischen Wissenschaften*: Frankfurt: Suhrkamp, 1970, § 86, pp. 182-3.

22. Id., *Wissenschaft der Logik*. Hamburgo: Felix Meiner, 1975, p. 67.

23. Ibid., § 88, Anhang 1, p. 188.

24. Ibid., § 89, Zusatz, p. 195.

25. Fragmento 1, Anaximandro de Mileto. In: Hermann Diels e Walther Kranz (Orgs.), *Die Fragmente der Vorsokratiker*. Hildesheim: Weidmann, 1992, v. 1, p. 89.

26. Ibid., Fr. 2, p. 89.

27. Hermann Diels e Walther Kranz (Orgs.), *Die Fragmente der Vorsokratiker*. Hildesheim: Weidmann, 1992, v. 1, p. 81.

28. Heródoto de Halicamasso, *Histoires*. Paris: Belles-Lettres, 1968, v. iv, p. 36.

29. Geoffrey Stephen Kirk e John Earl Raven, *The Presocratic Philosophers*. Cambridge: University Press, 1963, p. 104.

30. Ibid., p. 103.

31. Observe-se que entre as formas naturais e culturais se encontram também os atos que se reiteram. O ritual de acasalamento de uma drosófila é uma forma natural. Um ritual religioso, uma dança, um gesto convencional, um ritmo, um *epos* etc. são formas culturais.

32. Platão, "Leges". In: John Burnet (Org.), *Platonis opera*. Oxford: Clarendon, 1903, v. 5, p. 798a-b.

33. Theodor Adorno, *Negative Dialektik*. Frankfurt: Suhrkamp, 1975, p. 373.

34. João Guimarães Rosa e Günter Lorenz, "Diálogo com Guimarães Rosa". In: João Guimarães Rosa, *Ficção completa*. Rio de Janeiro: Nova Aguilar, 1995, p. 47.

O SER HUMANO E O PÓS-HUMANO [pp. 105-31]

1. Joseph Maistre, "Considérations sur la France (1797)". In: _____, *Oeuvres complètes*. Lyon: Librairie Générale Catholique et Classique, 1884, v. 1, p. 74

2. Michel Foucault, *As palavras e as coisas: Uma arqueologia das ciências humanas*. Lisboa: Portugália, 1968, p. 501.

3. Martin Heidegger,"Die Zeit des Weltbildes". In: _____, *Holzwege*. Frankfurt am Main: Vittorio Klostermann, 1952, p. 81.

4. Ibid., p. 82.

5. Friedrich Nietzsche, "Aus dem Nachlaß der Achtzigerjahre". In: Karl Schlechta (Org.), *Werke in drei Bänden*. München: Hanser, 1954, v. 3, p. 504.

6. Ibid., v. 2, p. 279.

7. Lembro que Fukuyama é conhecido sobretudo graças a seu livro *O fim da história e o último homem*, título cuja primeira parte, "o fim da história", alude, como se sabe, à filosofia da história de Hegel, mas cuja segunda parte se refere

ao "último homem" de que fala o *Zaratustra* de Nietzsche: o que não deixa de ser o produto de uma espécie de engenharia genética.

8. Francis Fukuyama, *Nosso futuro pós-humano*. Rio de Janeiro: Rocco, 2003.

9. Ibid., p. 165.

10. Ibid., p. 166.

11. Ibid., p. 94.

12. Ibid., p. 111.

13. Ibid., p. 112.

14. Ibid., p. 180.

15. Ibid., p. 130.

16. Aristótoles, "Politica". In: Immanuel Bekker e Olof Cigon (Orgs.), *Aristotelis Opera*. Berlim: Walter de Gruyter, 1960, v. ii, p. 1254a36.

17. Michel de Montaigne, *Essais*. Paris: Garnier, 1948, v. 2, p. 435.

18. Francis Fukuyama, op. cit., p. 164.

19. Ibid., p. 136.

20. Noam Chomsky e Michel Foucault, "De la Nature humaine". In: _____; _____, *Sur la Nature humaine*. Bruxelas: Aden, 2006, p. 56.

21. Michel Foucault, "La Naissance d'un monde". In: _____, *Dits et écrits*. Paris: Gallimard, 2001, v. 1, p. 816.

22. "Foucault". In: Michel Foucault, *Dits et écrits*, op. cit., p. 1452.

23. "Qui êtes vous, professeur Foucault?". In: Michel Foucault, *Dits et écrits*, op. cit., p. 629.

24. Michel Foucault, "Il Faut Défendre la société". In: _____, *Dits et écrits*, op. cit., v. 2, p. 124.

25. Id., "Cours du 14 janvier 1976". In: _____, *Dits et écrits*, op. cit., p. 178.

26. Para o que segue, ver: Michel Foucault, *L'Hermeneutique du sujet: Cours au collège de France, 1981-1982*. Paris: Gallimard; Seuil, 2001.

27. Ibid., p. 19.

28. Ibid., p. 20.

29. "Entretien avec Michel Foucault". In: Michel Foucault, *Dits et écrits*, op. cit., v. 2, p. 898.

30. Ibid., "À Quoi rêvent les Iraniens?", p. 694.

31. Ibid.

32. Ibid., "Le Chef mythique de la révolte de l'Iran", p. 716.

33. Citado por Janet Afary e Kevin B. Anderson, "The seduction of Islamism: Revisiting Foucault and the Iranian Revolution". *New Politics*, v. 10, n. 1, n. 37, 2004.

34. Michel Foucault, "Vérité, pouvoir et soi". In: _____, *Dits et écrits*, op. cit., v. 4, p. 778.

35. Id., "L'Esprit d'un monde sans esprit". In: _____, *Dits et écrits*, op. cit., v. 2, p. 753.

36. "Entretien avec Michel Foucault". In: Michel Foucault, *Dits et écrits*, op. cit. p. 158.

37. Friedrich Carl von Savigny, *Vom Berufe unserer Zeit für Gesetzgebung und Rechtswissenschaft*. Heidelberg: Mahr und Zimmer, 1814, p. 5.

38. Michel Foucault, "Vérité, pouvoir et soi". In: _____, *Dits et écrits*, op. cit., v. 2, p. 1598.

39. Sobre os direitos humanos, ver Michel Foucault, "L'Expérience morale et sociale des Polonais ne peut plus être effacée". In: _____, *Dits et écrits.*, op. cit., v. 2, p. 1168.

40. Outras autocontradições performativas de Foucault são examinadas por Jürgen Habermas em "Aporien einer Machttheorie". In: _____, *Die philosophische Diskurs der Modernität*. Frankfurt: Suhrkamp, 1985.

41. Martin Heidegger, "Die Zeit des Weltbildes". In: _____, *Holzwege*. Frankfurt am Main: Vittorio Klostermann, 1952, p. 80.

42. Id., *Nietzsche II*. Pfüllingen: Neske, 1961, p. 163.

43. Michel Foucault, *Histoire de la folie à l'âge classique*. Paris: Gallimard, 1972, pp. 56-9.

44. Jacques Derrida, "Cogito et histoire de la folie". In: _____, *L'Écriture et la différence*. Paris: Seuil, 1967, p. 51.

45. A esse respeito ver, por exemplo, Séan Burke, *The Death and Return of the Author*. Edimburgo: Edinburgh University Press, 1998, pp. 68-71.

46. Michel Foucault, *L'Hermeneutique du sujet*, op. cit., pp. 18-9.

47. René Descartes, *Méditationes de prima philosophia*. Paris: Vrin, 1968, v. I, p. 19.

48. Citado por Étienne Gilson, "Commentaire". In: René Descartes, *Discours de la méthode*. Paris: Vrin, 1976, p. 287. É verdade que, no *Discours de la méthode*, Descartes diz que, como é possível que nos enganemos em questões de geometria ou lógica, tomaria como falsas também "as razões que antes tomara como demonstrações". Mais tarde, nas *Méditationes de prima philosophia,* o fundamento último dessa desconfiança quanto às verdades lógicas é a possibilidade de que estejamos permanentemente a ser enganados por um gênio maligno. Só o *cogito* permaneceria indubitável, pois, mesmo para ser enganado, é preciso ser. Contudo, não é possível, de modo logicamente consistente, afirmar a inconsistência das verdades lógicas. Contra Descartes, hoje sabemos que, nesse ponto, a dúvida simplesmente não é admissível. Do mesmo modo, é claramente inadmissível a tentativa de Descartes de recuperar as certezas lógicas através da prova (de toda maneira sofística) da existência de um ser que, sendo perfeito,

não seria capaz de nos enganar. Trata-se de uma petição de princípio, uma vez que pressupõe as próprias certezas que pretende fundamentar.

49. Tomás de Aquino, *Summa Theologica*. Paris: Migne, 1859, Prima Secundae Partis, Quaestio xcıv, De Lege Naturali, Articulus ıı.

50. Georg Wilhelm Friedrich Hegel, "Enzyklopädie der philosophischen Wissenschaften". In: _____, *Werke in Zwanzig Bänden*, v. 10. Frankfurt: Suhrkamp, 1970, p. 503.

51. Denis Diderot e Jean R. D'Alembert (Orgs.), *Encycloplédie ou Dictionnaire raisonné des sciences, des arts et des métiers*. Paris, 1750, verbete "Droit", parágrafo "Droit de la nature".

52. Immanuel Kant, "Metaphysik der Sitten, Rechtslehre". In: _____, *Werke*. Darmstadt: Wissenschaftliche Buchgesellschaft, 1983, v. 7, p. 337.

53. Ibid.

54. Norberto Bobbio, *Direito e Estado no pensamento de Emanuel Kant*. Brasília: UnB, 1969, p. 73.

55. Ibid., p. 74.

56. Citado por ibid., 1969, p. 134.

57. Ibid., p. 157.

58. Amartya Sen, "The Power of a Declaration". *The New Republic*, 4 fev. 2009.

A SEDUÇÃO RELATIVA [pp. 132-78]

1. *Dicionário Houaiss da língua portuguesa*. Disponível em: <https://houaiss. uol.com.br>. Acesso em: 16 jul. 2024.

2. É verdade que, hoje em dia, a mídia espera que todas as pessoas — intelectuais ou não — tomem como um privilégio a oportunidade de se pronunciar publicamente sobre qualquer assunto, em qualquer ocasião. Ora, a relação que o intelectual enquanto intelectual tem com o tempo — o tempo da reflexão — é inteiramente diferente da relação imediatista que a mídia tem com o tempo, de modo que o intelectual nem sempre se encontra disponível às solicitações dela. Quando isso ocorre, então, do ponto de vista da mídia, mas não do ponto de vista do intelectual, este silenciou.

3. Jacques Le Goff, *Os intelectuais na Idade Média*. São Paulo: Brasiliense, 1993.

4. "*Si non potes intelligere, crede ut intelligas. Praecedit fides, sequitur intellectus: quoniam propheta dicit, nisi credideritis, non intelligetis*" [Se não podes entender, crê para entenderes. A fé precede, segue-se o entendimento; o quanto o profeta diz, a menos que creias, não entenderás]. "Sermo118". In: Paul Tombeur (Org.), *Library of Latin Texts*. Turnhout: Brepols Publishers, 2005.

5. A sentença inteira diz: "*Neque enim quaero intelligere, ut credam; sed credo, ut intelligam*" [Não quero, pois, entender para crer; quero crer para entender]. Alexandre Koyré (Org.), *Fides quaerens intellectum id est Proslogion*, 6. ed. Paris: Vrin, 1982, p. 12.

6. Esse é o ponto de vista que aqui nos interessa; não ignoro, porém, que não é o ponto de vista principal, para o homem de fé. Apenas, os significados extraepistemológicos da fé não são relevantes para a presente questão.

7. Bertrand Russel, "*We may define 'faith' as a firm belief in something for which there is no evidence*" [Podemos definer "fé" como uma crença firme em algo para o qual não há prova]. Al Seckel (Org.), *On God and religion*. Amherst (NY): Prometheus, 1986, p. 283.

8. Citado por Emmanuel Faye, "Descartes et la Renaissance: Philosophie de l'homme, méthode, métaphysique", em *Descartes et la Renaissance*. Paris: Honoré Champion, 1999, p. 13. Segundo Maurice de Gandillac, a expressão *media tempestas* parece ter sido usada pela primeira vez por um ex-secretário de Nicolas de Cues, Jean-André de Bussi, em 1469, "para designar o período intermediário entre antigos (*prisci*) e modernos (*moderni*)".

9. Para evitar mal-entendidos, esclareço que estou longe de pensar que as características da época moderna sejam consequências do seu nome. O que defendo é, ao contrário, que o fato de que uma época se autodefina como "moderna" é consequência ou sintoma de características que se revelam também através dele. As possibilidades que o próprio nome da época moderna já contém foram, é claro, desenvolvidas independentemente de quaisquer considerações semânticas. Quais as causas de semelhante mudança de perspectiva, na história do pensamento? Fugiria do tema deste texto entrar em considerações, já exploradas *in infinitum* pelos historiadores, tais como a crise e a desintegração do mundo medieval, a urbanização gradual da Europa, desde o século XII, a Reforma, o humanismo, a Renascença, as novas ciências astronômicas e físicas, a invenção e a difusão da imprensa, as descobertas geográficas, as descrições etnográficas etc.

10. Aristóteles, "Physica". In: Immanuel Bekker e Olof Cigon (Orgs.), *Aristotelis Opera*. Berlim: Georg Reimer, 1831, v. 1, p. 217b19; Berlim: Walter de Gruyter, 1960.

11. Ibid., p. 219b12.

12. Agostinho, *Confessions*. Sel. e trad. de Pierre de Labriolle: Paris: Les Belles Lettres, 1926, v. 2, p. 310.

13. A discussão mais brilhante dessas questões se encontra, é claro, no capítulo sobre a certeza sensível da *Fenomenologia do espírito*, de Hegel, em "Vorlesungen über die Ästhetik". In: _____, *Werke*. Frankfurt am Main: Suhrkamp, 1970, v. 13-5, pp. 82-92.

14. Alexandre Koyré, *Entretiens sur Descartes*. Nova York: Brentano's, 1944, p. 34.

15. Ibid., pp. 34-5.

16. Michel de Montaigne, "xxxi. Des Cannibales". In: _____, *Essais*. Paris: Garnier, 1948, v. i, p. 234.

17. Ibid., p. 239.

18. Ibid., p. 240.

19. Id., "xii. De la Physionomie". In: _____, *Essais*, op. cit., v. iii, p. 307.

20. René Descartes, *Discours de la méthode*. Sel. e comentários de Étienne Gilson. Paris: Vrin, 1976, p. 6.

21. Ibid., p. 10.

22. Ibid., p. 16.

23. Ibid., p. 13.

24. Ibid., p. 16.

25. Hermann Diels, *Die Fragmente der Vorsokratiker*. Org. de Walther Kranz. Hildesheim: Weidmann, 1992, v. 1, p. 34, fr. 4.

26. René Descartes, *Méditationes de prima philosophia*. Paris: Vrin, 1978, p. 14.

27. José Ferrater Mora, "Razón". In: *Diccionario de filosofia*. Barcelona: Alianza, 1981, v. 4, pp. 2774-9.

28. Paul Regnaud, "Reor". In: *Dictionnaire étymologique du latin*. Lyon: A. Rey, 1908, p. 281.

29. René Descartes, "Epistola ad patrem Dinet". In: Adam e Tannery (Orgs.), *Oeuvres de Descartes*. Paris: Vrin, 1983, v. 7.

30. Friedrich Nietzsche, *Além do bem e do mal*. Trad., notas e posf. de Paulo César de Souza. São Paulo: Companhia das Letras, 1992, p. 22, § 16.

31. Sextus Empiricus, "Against the Logicians i (adversus mathematicos vii)". In: Robert G. Bury (Org.), *Sextus Empiricus in Four Volumes*. Cambridge, Mass.: Harvard University Press, 1983, v. 2, p. 206.

32. Norberto Bobbio, *Direito e Estado no pensamento de Kant*. Brasília: UnB, 1969, p. 73.

33. Friedrich Engels, "Der Ursprung der Familie, des Privateigentums und des Staats". In: Institut für Marxismus-Leninismus beim zk der sed (Org.), *Marx Engels Werke*. Berlin: Dietz, 1956, v. 21, pp. 30ss.

34. Friedrich Schiller, "Über die ästhetische Erziehung des Menschen in einer Reihe von Briefen". In: _____, *Sämtliche Werke*. Munique: Carl Hanser, 1962, v. 5, p. 579.

35. Amartya Sen, *Development as freedom*. Nova York: Anchor, 2000, pp. 232-40.

36. Michel Foucault, "Téhéran: La Foi contre le chah". In: _____, *Dits et écrits II, 1976-1988*. Paris: Gallimard, 2001, p. 158.

37. Ibid., p. 160.

38. Gilles Deleuze e Félix Guattari, *Qu'est-ce que la philosophie?*. Paris: Les Éditions de Minuit, 1991, p. 55.

39. Gilles Deleuze e Claire Parnet, *Diálogos*. Trad. de José Vázquez Pérez. València: Pre-Textos, 1980, p. 8.

40. Gilles Deleuze, *Pourparlers*. Paris: Minuit, 1990-2000, p. 177.

41. Jacques Derrida, "Entrevista a Evando Nascimento". *Folha de S.Paulo*, 27 maio 2001. Caderno Mais.

42. Richard Rorty, "Relativismo: Encontrar e fabricar". In: Antonio Cicero e Waly Salomão (Orgs.), *O relativismo enquanto visão do mundo*. Rio de Janeiro: Francisco Alves, 1994, p. 116.

43. Ibid., p. 117.

44. Ibid., p. 119.

45. Friedrich Nietzsche, "Über Wahrheit und Lüge im aussermoralischen Sinn". In: Karl Schlechta (Org.), *Werke*. Munique: Carl Hanser, 1954, v. 3, p. 314.

46. André Comte-Sponville, "A besta-fera, o sofista e o esteta: 'A arte a serviço da ilusão'". In: A. Boyer et al. (Orgs.), *Por que não somos nietzschianos*. São Paulo: Ensaio, 1994, p. 42.

47. Friedrich Nietzsche, "Also sprach Zarathustra: Ein Buch für Alle und Keinen". In: Karl Schlechta (Org.), *Werke*, op. cit., v. 2, pp. 339-40.

48. Giorgio Agamben, "L'immanenza assoluta". In: _____, *La de potenza del pensiero. Saggi e conferenze*. Vicenza: Neri Pozza, 2005, pp. 377-404.

49. Martin Heidegger, *Sein und Zeit*. Tübingen: Max Niemeyer, 1963, p. 22.

50. Ibid., p. 114.

51. René Descartes, "Objectiones doctorum aliquot virorum in praecedentes Meditationes cum responsionibus". In: Adam e Tannery (Orgs.), *Oeuvres de Descartes*. Paris: Vrin, 1983, v. 7, p. 174.

52. Martin Heidegger, "Die Zeit des Weltbildes". In: _____, *Holzwege*. Frankfurt am Main: Vittorio Klostermann, 1952, pp. 98-100.

53. Martin Heidegger, "Der europäische Nihilismus". In: _____, *Nietzsche*. Pfullingen: Neske, 1961, v. 2, pp. 168-73.

54. Observe-se que um dos mais importantes ideólogos do nacional-socialismo, Franz Böhm, publicou em 1938 um livro intitulado *Anti-Cartesianismus: Deutsche Philosophie im Widerstand* [Anticartesianismo: A filosofia alemã na resistência], no qual defende, de modo mais grosseiro, teses muito semelhantes às de Heidegger.

55. Martin Heidegger, "Die Frage nach der Technik". In: _____, *Vorträge und Aufsätze*. Stuttgart: Neske, 1994, p. 23.

56. Id., "Die Zeit des Weltbildes". In: _____, *Holzwege*. Frankfurt am Main: Vittorio Klostermann, 1952, p. 102.

57. Id., *Einführung in die Metaphysik*. Tübingen: Max Niemeyer, 1953, p. 28.

58. Id., *Was beißt denken?*. Tübingen: Max Niemeyer, 1954, p. 57.

59. Citado por Nicole Parfait, *Une Certaine Idée de l'Allemagne*. Paris: Desjoquères, 1999, p. 141.

60. Martin Heidegger, "Der europäische Nihilismus". In: _____, *Nietzsche*. Pfullingen: Neske, 1961, v. 2, p. 163.

61. Id., *Sein und Zeit*. Tübingen: Max Niemeyer, 1963, p. 20.

62. Ibid., p. 21.

63. Ibid., p. 382.

64. Ibid., p. 383.

65. Ibid., p. 384.

66. Ibid.

67. Id., *Hölderlins Hymnen "Germanien" und "Der Rhein"*. Frankfurt am Main: Vittorio Klostermann, 1999, p. 72.

68. Domenico Losurdo, *Heidegger et l'idéologie de la guerre*. Paris: PUF, 1998.

69. Ver Michael Friedman, *A Parting of the Ways. Carnap, Cassirer and Heidegger*. Chicago: Open Court, 2000, p. 58.

70. Citado por Emmanuel Faye, *Heidegger. L'Introduction du nazisme dans la philosophie*. Paris: Albin Michel, 2005, p. 123.

71. Ibid., p. 217.

72. Emmanuel Lévinas, *Quelques Réflexions sur la philosophie de l'hitlérisme*. Paris: Payot & Rivages, 1997. Disponível em: <http://www.anti-rev.org/textes/Levinas34a/>. Acesso em: 18 jul. 2024.

73. Platão, "Theaetetus". In: John Burnet (Org.), *Platonis opera*. Oxford: Clarendon, 1900, v. 1, p. 179b.

74. "Os melhores não têm nenhuma convicção, enquanto os piores estão cheios de apaixonada intensidade" (William Butler Yeats, "The Second Coming". In: Alexander N. Jeffares [Org.], *Yeat's Poems*. Londres: Papermac, 1989, p. 294).

ESTA OBRA FOI COMPOSTA EM MINION POR BR75 E IMPRESSA
EM OFSETE PELA GRÁFICA PAYM SOBRE PAPEL PÓLEN NATURAL
DA SUZANO S.A. PARA A EDITORA SCHWARCZ EM NOVEMBRO DE 2024

A marca FSC® é a garantia de que a madeira utilizada na fabricação do papel deste livro provém de florestas que foram gerenciadas de maneira ambientalmente correta, socialmente justa e economicamente viável, além de outras fontes de origem controlada.